© *Page
précédente :*
Daniel Balavoine,
l'émotion et le
talent à fleur
de peau.

© *Ci-contre :*
Jacques Brel en
concert à Paris
le 5 mai 1966.

Jacques Mazeau

Les Destins Brisés de la Chanson

ÉDITIONS
HORS
COLLECTION

SOMMAIRE

Tous droits réservés pour tous pays.
© Les éditions Hors Collection, 1996.
CO 201 390-2
ISBN 2-258-041 87-2
Nº d'éditeur : 182

INTRODUCTION

Ils furent les compagnons de notre
adolescence, puis les témoins
de nos premières amours.
Au fil des années, ils sont devenus les
compagnons de nos moments de joie ou
de chagrin, évoquant grâce à leurs mots
et leurs mélodies le bonheur
ou la nostalgie.
Lorsqu'ils étaient vivants, nous allions
assister à leurs concerts, nous chantions
avec eux, parfois à leur place. Nous
partagions avec eux leurs peines et leurs
espoirs et, une fois les lumières éteintes,
nous les appelions pour qu'ils reviennent
une fois encore interpréter leur dernier
succès...
Puis un jour, la nouvelle tombait, nous
surprenant dans nos occupations
quotidiennes : l'un de ces magiciens venait
de nous quitter. Nous nous apercevions
brutalement que ses musiques, ses
paroles, ses déclarations publiques, ses
frasques aussi nous habitaient davantage
que nous ne l'aurions pensé.
La tristesse qui nous saisissait alors n'était
pas feinte. Avec la disparition de ce
chanteur, c'était un peu de nous-mêmes
qu'il nous fallait laisser partir avec lui.
C'était accepter que le temps passe,
que rien ne dure, que l'artiste lui-même,
en nous chantant la vie, s'était
un peu trompé...
Alors, à chaque fois, l'âme en peine, nous
avons repassé ses disques et rechanté
avec lui quelques refrains simples et
pourtant tellement pleins de sens...
Et nous avons juré secrètement qu'il
ne mourrait jamais pour nous.
Telle est la raison d'être de cet ouvrage.
En racontant la vie de ces chanteurs,
leurs succès, leurs déboires aussi, nous
avons souhaité prendre le temps de
partager un peu de cette nostalgie teintée
de bonheur que leur souvenir réveille
en nous. Comme un hommage à
notre passé commun...

DANIEL BALAVOINE

Chanteur profondément humaniste,
il sut comprendre son temps et sa génération
mieux que quiconque. Il laisse le souvenir durable
d'un créateur fait de talent, de générosité et de franchise.

◙ *Page de droite :*
Un regard où
s'exprimaient la
révolte et les
espoirs de toute
une génération.

◙ *Ci-dessous :*
« J'voudrais bien
réussir ma vie... »
Daniel à l'époque
des galères.

QUAND il arrive à Paris en 1970, Daniel a une petite expérience de la chanson mais une grande envie de réussir. C'est déjà le battant qu'il restera durant toute sa courte vie. Né le 5 février 1952 à Alençon, dans l'Orne, il est le septième et dernier enfant d'une famille plutôt aisée. Son père est ingénieur des Ponts et Chaussées, sa mère une La Magdelaine, une aristocrate du Sud-Ouest. L'ambiance à la maison est celle d'une famille décontractée, où les frères et sœurs font preuve de solidarité, comme dans toutes les familles nombreuses.

Mais Daniel est le petit dernier et de ce fait le benjamin auquel on passe tout.

Enfance heureuse donc, même si son père est d'un naturel un peu introverti et qu'il ne comprend pas très bien les aspirations artistiques de certains de ses enfants, en particulier de Daniel, qui manifeste déjà des talents de musicien en battant plus que de raison sur un tambourin.

Les années passent entre Bordeaux et Biarritz au gré des obligations professionnelles du père, puis, en 1960, tout bascule. Son père est muté en Algérie, sa maman décide de changer radicalement de vie en suivant un autre homme. Frères et sœurs s'en vont donc, certains pour un métier, d'autres pour un amour ou le service militaire. Daniel, lui, est en pension à Hasparren avec son grand frère Guy. Mais déjà il fait montre d'un esprit frondeur qu'il conservera tout au long de sa vie. Il ne supporte pas l'uniforme obligatoire, pas plus que l'autorité des maîtres ! C'est là, raconte-t-il, qu'il fit sa première fugue mais aussi qu'il découvrit la musique en écoutant les Beatles...

Pour fuir cette ambiance étouffante, il prétexte une vague vocation de prêtre et se retrouve externe à l'Immaculée Conception de Pau. C'est l'époque aussi où ses trois frères, Bernard, Guy et Yves, chantent ensemble du Hugues Aufray et du Bob Dylan.

Un bel exemple, qui ne sera pas sans importance dans le déroulement futur de sa carrière.

DE GALÈRE EN GALÈRE...

Arrive 1968, l'année de tous les changements. Comme de nombreux autres étudiants, Daniel remet tout en question. Entré au lycée de Pau, il fait grève, revendique, déjà concerné par les problèmes de notre société.

Il a dans l'idée de faire Sciences-Po et d'être député, mais bien vite le mouvement et ses leaders le déçoivent. Du coup, il abandonne ses études et choisit la musique, largement influencé par les Stones qu'il écoute avec passion.

Il commence à se produire à la Maison de la Jeunesse et de la Culture de Pau, et le succès qu'il y obtient le pousse à constituer des groupes de musiciens amateurs pour faire les bals de province. On le voit dans des orchestres aux noms très évocateurs pour l'époque : Purple Eruption, The Shake's ou Réveil. Tous les week-ends, il chante du rock tandis qu'en première partie un orchestre plus classique joue de la musique pour les anciens. Expérience peu gratifiante mais qu'il dira n'avoir jamais regrettée, tout en reconnaissant que ses chansons étaient bien mauvaises.

Quoi qu'il en soit, cette galère ne peut durer bien longtemps. Daniel a soif d'autre chose, en tout cas d'une plus grande réussite. Raison suffisante pour qu'avec les copains de son groupe Réveil il monte à Paris tenter la grande aventure. Très vite, alors qu'il faut tout prendre en charge, répéter, fabriquer des affiches, convaincre des tourneurs, les copains s'avouent vaincus et retournent dans leur province. Daniel, lui, s'accroche. Il cherche où amarrer son talent quand il rencontre le groupe Présence qui vient d'éclater en ayant perdu Erick de Saint Laurent, l'une des récentes stars de la pop music française. Ceux qui restent cherchent alors un nouveau chanteur et tombent sous le charme de sa personnalité, de son talent mais surtout de sa grande connaissance du répertoire anglais, et le préfèrent à Laurent Voulzy qui court lui aussi les engagements. Comme Daniel a de la voix, ils pourront faire du hard et ressasser les Deep Purple sans sombrer dans le ridicule !

Et voilà le groupe embarqué dans des tournées provinciales, déchaînant déjà des publics assoiffés de pop et de rock. Daniel commence à connaître le vrai succès. Du coup, pourquoi ne pas tenter l'aventure du disque ? Le groupe enregistre alors un 45 tours chez Vogue avec une chanson titre, *Le jour s'est levé* et, en face B, *La Lumière de la folie*. Quand il sort, en 1971, le disque

8

◎ Ci-dessous : Influencé par les Stones, Daniel a les cheveux longs et... les idées longues.

ne se vend qu'à 247 exemplaires !
Qu'importe !

Daniel n'est pas de ceux qui baissent
les bras pour si peu. En mai 1972,
il décide de quitter le groupe et de
tenter sa chance en solo. Ce qui n'est
pas le cas dans sa vie privée, puisqu'à
la même époque il décide de se
marier ! Elle s'appelle Dominique,
elle est belle et polonaise.

Malheureusement, l'idylle ne dure pas,
et un an plus tard c'est la séparation.

PREMIERS GRANDS SUCCÈS

En attendant, Daniel se lance dans un
nouveau projet : sortir un 45 tours en
solo. Le moment est bien choisi, c'est
la période de déprime de la chanson
française malgré la timide apparition
de nouveaux talents comme Véronique
Sanson, Maxime Le Forestier ou
encore Yves Simon. Un disque, deux
titres : *Viens vite* et *Lire un livre*, mais
c'est un échec, et Daniel se remet à
la recherche de nouveaux contrats. Il
devient choriste successivement avec
les Fléchettes, un groupe de Claude
François, puis pour Triangle et Martin
Circus avant de se retrouver dans la
troupe de la comédie musicale *La
Révolution française* aux côtés d'Alain
Bashung, de Dani et d'autres. Déjà,
sa voix très riche et très haute est
remarquée.

C'est à cette époque qu'il fait la
connaissance de Florence Aboulker,
la productrice et compagne de
Patrick Juvet. Celui-ci est au faîte de
sa gloire et cherche à se renouveler. Il
engage alors Daniel, dont la voix lui
permet de le doubler. Ensemble, ils
font l'Olympia en novembre 1974 puis

partent en tournée l'été suivant. De
choriste, Daniel devient bientôt le
parolier de Juvet pour son album
intitulé *Chrysalide*. Par amitié, Patrick
le laisse alors chanter tout seul
Couleurs d'automne, l'un des textes
qu'il a écrits. Daniel vient d'entrer

dans la grande famille de la chanson
française. Il rencontre Andy Scott,
l'ingénieur du son talentueux qui
deviendra celui de Jean-Jacques
Goldman et se lie d'amitié avec lui,
puis Florence Aboulker le présente à
Léo Missir, celui qui a lancé Lenny
Escudero, Rika Zaraï et Guy
Marchand. La rencontre se déroule
immédiatement sous le signe de
l'amitié. Léo Missir croit au talent du
jeune chanteur et l'engage aussitôt à
travailler sur un prochain album.
Période bénie où Daniel rencontre
aussi Catherine Ferry, l'un des grands
amours de sa vie.

AVEC *STARMANIA*, LE TRIOMPHE

Cette fois-ci les choses sérieuses vont commencer. Daniel sort son album *De vous à elle en passant par moi*, qui malheureusement se solde par un nouvel échec. Certes, c'est encore imparfait. Mais tout le talent de Daniel est là et Léo Missir le laisse continuer. Il sort alors un nouveau 45 tours avec *Vienne la pluie* et *La Tête en bas*. Ce disque n'obtient pas davantage de succès. Heureusement, la maison de disques Barclay fait montre de patience et Daniel s'accroche.

 Ci-dessous : Pendant les répétitions de *Starmania*, Daniel en compagnie de Michel Berger et de France Gall, dont il sera l'un des meilleurs amis.

Il écrit d'abord une chanson pour Catherine Ferry et, en mars 1976, l'accompagne à La Haye où elle concourt pour l'Eurovision. Elle n'arrive que deuxième, mais cela lui permet néanmoins d'être lancée. En avril 1977, Daniel sort un nouvel album, *Les Aventures de Simon et Gunther Stein*, l'histoire chantée de deux frères séparés par le Mur de Berlin. Si le succès commercial n'est encore pas au rendez-vous, la presse et la radio commencent à s'intéresser à sa voix de ténor, à ses nouvelles sonorités et surtout à ses textes si profonds et chaleureux. Et comme si

l'amour s'accordait à ses albums, il tombe amoureux de Linda Lecomte, la programmatrice musicale de la station régionale de la Radio télévision belge de Mons. Grand amour qui lui donne des ailes et surtout de la patience pour attendre le vrai succès qui n'arrive pas encore. Alors, il redevient choriste pour Alain Bashung et rencontre Michel Berger qui travaille sur *Starmania*. Le coup de foudre est immédiat et mutuel. La grande aventure de *Starmania* peut commencer. Michel cherchait une voix, une présence et surtout une personnalité assez forte pour incarner le personnage de Johnny Rockfort. Daniel remplit à ses yeux toutes les

conditions. L'album sort en avril 1978. On y entend bien Daniel chanter *Quand on arrive en ville*, mais il n'émerge pas encore suffisamment. Pour cela, il faut absolument qu'il sorte un 45 tours en solo et surtout qu'il le réussisse. Il le doit non seulement à lui-même qui ronge son frein depuis près de dix ans, mais surtout à ceux qui ont cru en lui comme Léo Missir, Andy Scott et ses musiciens. Gros pari certes, mais à la dimension du personnage qui ne cède jamais devant l'adversité.

« Si j'en vends pas au moins 30 000, dit-il, je me retire du circuit ! »

Il écrit la chanson sur un coin de table pendant les enregistrements de *Starmania*. Les mots claquent et disent son impatience : « Je voudrais bien réussir ma vie... Et partout dans la rue, je veux qu'on parle de moi... »

Le succès est immédiat. Daniel vend plus d'un million de 45 tours, suivis de 800 000 albums. Du jour au lendemain, *Henri*, le chanteur, devient une célébrité. Radios et salles lui ouvrent leurs portes. Justement il affronte peu de temps après le public avec le spectacle *Starmania*. Nouveau succès. Sa voix fait un tabac et, le 4 août 1979, il partage la vedette de « Numéro 1 » aux côtés de Louis Chédid et des frères Jolivet. Il jouera d'ailleurs pour la première fois dans leur film *Alors heureux ?*

◎ *Ci-dessous :* Tous ceux de *Starmania* : Fabienne Thibault, Diane Dufresne, France Gall, Étienne Chicot, René Joly... et Daniel Balavoine, méconnaissable sous la perruque de Johnny Rockfort.

PORTE-PAROLE
DE LA JEUNESSE

Face au succès, Daniel ne se laisse pas griser. Au contraire, il continue de travailler d'arrache-pied. Il sort son quatrième album, *Face amour, face amère*, puis se produit sur les planches au théâtre Sébastopol de Lille, le 24 novembre 1979 avec son groupe Clin d'Œil. 300 fans, dont Linda à qui il a dédié deux belles chansons, *Love Linda* et *Rougeagèvre*, lui font une ovation.

Belle scène d'appel pour se lancer dans un autre défi beaucoup plus ambitieux : l'Olympia.
Il y reste du 31 janvier au 2 février 1980. Le triomphe est à la hauteur de l'enjeu. La presse unanime salue une nouvelle star qui s'en va aussitôt sur les routes de province pour une cinquantaine de galas.

Cependant, le temps d'un retour à Paris le 16 mars, il se retrouve sur le plateau d'Antenne 2 pour le journal de midi. Face à lui, le juge Bidalou et surtout François Mitterrand qui est alors en pleine campagne présidentielle. Jacques Attali, qui a rencontré Daniel quelque temps auparavant chez Michel Berger, a recommandé au futur président de l'inviter à l'émission. Comme d'habitude, François Mitterrand dont on guette la moindre des déclarations monopolise la conversation.
Soudain, Daniel se lève :
– Ça fait trois quarts d'heure que j'attends, alors si je ne peux rien dire avant la fin de l'émission je m'en vais. Le candidat le rappelle aussitôt.
– Revenez et parlez maintenant...
Du coup, Daniel explose. Grande est sa colère, durs sont ses mots :
– La jeunesse française se fout de savoir ce que M. Marchais faisait pendant la guerre... Il n'y a jamais eu un ministre de la Jeunesse en France... Ce qui m'aurait intéressé, c'est de savoir à qui les ouvriers immigrés payent leurs loyers. Je voudrais savoir pourquoi M. Boulin a été suicidé ou s'est suicidé... Pourquoi ne sait-on pas qui a assassiné le juge Renaud ? Ce que je veux vous dire, c'est que la jeunesse française est profondément désespérée parce qu'elle n'a pas d'appui. Elle ne croit plus en la politique française et elle a bien raison. Ce que je peux vous dire, c'est que le désespoir est mobilisateur et que lorsqu'il devient mobilisateur, il est dangereux.
Jacques Attali est furieux, Mitterrand pas. C'est dans l'ordre des choses.
Du coup, le lendemain, c'est un concert de louanges dans la presse. Mais celles-ci ne font pas tourner la tête de Daniel. Il retourne la balle aux journalistes.
« C'est quand même extraordinaire ! Les journalistes ont l'occasion de dire

ces choses-là tous les jours et ils attendent qu'un type comme moi fasse un esclandre à la télévision pour prendre leur plume !

Quelques mois plus tard, sur la lancée de son succès, il sort un nouvel album dédié encore à Linda et au couple Coluche, contenant d'énormes tubes comme *Mon fils ma bataille, Je ne suis pas un héros* ou encore *Lipstick*.

Tremplin réussi pour un autre Olympia du 10 au 14 mars 1981 durant lequel il reçoit un disque d'or des mains de son ami Michel Berger.

Mais Daniel n'a pas perdu son intérêt pour la politique. Bien au contraire. À quelques semaines du scrutin, il soutient Coluche, celui qui « emmerde la gauche jusqu'à la droite ».

Tandis que, pour la première fois sous la Ve République, un président de gauche est élu, Balavoine s'éloigne doucement de Linda et se rapproche de Corinne...

À LA DÉCOUVERTE DE L'AFRIQUE...

Le temps de dénoncer la loi interdisant la publicité sur les radios libres et le voilà caracolant à nouveau à la tête des hit-parades avec son sixième album *Vendeurs de larmes* dans lequel figurent plusieurs tubes : *Vivre ou survivre*, *Soulève-moi*, *Dieu que l'amour est triste*... Il enchaîne aussitôt avec un nouveau concert sur la scène mythique du Palais des Sports et casse la baraque. Du 9 au 13 juin, il chante à guichets fermés !

Pendant le même temps, Daniel prend un peu de distance avec la politique, refusant d'être pris en otage par les journalistes, toujours friands de ses bons mots. Ne voulant en aucun cas être récupéré, à ceux qui l'interrogent il répond invariablement qu'il mène surtout un combat pour que sa propre vie soit conforme à ce qu'il pense. L'indépendance, toujours l'indépendance qui le pousse en cette année 1981 à s'intéresser à la course automobile, mais surtout à la pratiquer !
Une véritable fringale le saisit.
Il achète des voitures, conduit, conduit encore, se grisant de vitesse et d'émotions. Voie toute tracée pour se lancer dans la grande aventure du Paris-Dakar en janvier 1983

⊡ Ci-dessus :
La scène, les disques, la politique, les courses automobiles... En cette année 1981, Daniel démultiplie ses activités, avec une énergie irrésistible.

avec Thierry Deschamps, au volant d'une Datsun.
« Ça me fascine, dit-il, c'est quelque chose qui fait bouger le corps et qui fera fatalement bouger la tête. Je recherche la vie comme dans tout le reste. »
Toutefois, s'il y découvre l'Afrique et sa misère et s'en émeut avec sa générosité coutumière, c'est un échec sportif. Il est contraint à l'abandon dès la première étape algérienne.
D'une aventure à l'autre, il participe au conte musical *Abbacadabra*, écrit sur les tubes du groupe *Abba*, puis, en octobre, travaille gratuitement pour une radio libre, 95.2 FM, où il signe quelques billets au vitriol, en particulier sur le pacifisme, qu'il termine toujours par cette phrase : « Il vaut mieux être contre tout ce merdier que dedans. »
Entre-temps, il a acheté une magnifique maison à Colombes. Comme on y a remarqué la présence d'une femme, il n'échappe pas aux questions et révèle enfin la vérité. Oui, il partage sa vie avec une compagne... C'est Corinne. Une belle femme indépendante et heureuse, venue de Casablanca, et qu'il connaît depuis longtemps. Elle sera son inspiratrice dans son combat contre la pauvreté, le racisme et la bêtise.
D'ailleurs, son nouvel album est imprégné de ses nouvelles préoccupations. La plupart de ses chansons abordent des thèmes importants pour lui, que ce soit la torture avec *Frappe avec la tête*, ou encore la drogue avec *Poisson dans ta cage*, et enfin la mort avec *Partir avant les miens* que d'aucuns verront comme une chanson prémonitoire. Pour la chanson *Pour la femme veuve qui s'éveille*, il tourne une partie du clip dans un petit village proche de Dakar et offre aux habitants l'équivalent d'un mois de leurs revenus pour les avoir dérangés durant trois jours...

15

◙ *Ci-contre :*
En janvier 1983,
Daniel, ici avec
Bernard Darniche
et Cyril Neveu,
participe au
Paris-Dakar
avec Thierry
Deschamps au
volant d'une
Datsun. Une
rencontre avec
l'Afrique qui sera
déterminante...

◙ *Ci-contre :*
Ici, dans un petit
village proche de
Dakar, lors du
tournage du clip
de *Pour la femme
veuve qui s'éveille*,
Daniel chante
contre la
pauvreté, le
racisme et
la bêtise.

Ci-dessous :
Le concert de
« Chanteurs sans
frontières »
à La Courneuve.

 En bas :
Le 20 janvier,
Daniel est
accompagné à sa
dernière demeure
par ses nombreux
amis.

 Page de droite :
Avec Thierry
Sabine, le père du
Paris-Dakar, qui
l'accompagna
dans la mort.

16

SUR LE PARIS-DAKAR, LE DRAME

Puis arrive ce jour radieux du 15 juillet 1984 qui voit la naissance de Jérémie, son jeune fils, sa bataille, à Genève. Daniel est métamorphosé. Lui qui disait la création d'une famille très difficile à réussir, il a sauté le pas. Aux côtés de Corinne, il est prêt « à se lancer dans la bagarre pour que le monde devienne meilleur ». À sa manière, par la chanson ! Durant l'été, il sort *Dieu que c'est beau...* Puis, au mois de septembre, il chante à nouveau au Palais des Sports dans un dépouillement extrême. Finis les ors et les paillettes ! Tout doit ramener l'attention du public à la musique et aux textes.

Le 1er janvier 1985, il décide de participer à son deuxième Paris-Dakar. Il est le coéquipier de Jean-Luc Roy sur Toyota. Réédition réussie, pleine d'aventure, de casses et d'émotions mais aussi révélatrice pour Daniel d'une nouvelle révolte. Plus question pour lui de traverser l'Afrique où l'on crie famine. Plus question de ne rien dire et rien faire !

Avec Yves Simon, Michel Berger, Jean-Jacques Goldman et France Gall, il s'envole pour Wembley assister au *Live Aid*, un concert en mondovision destiné à aider l'Éthiopie. Puis, dans sa rage de convaincre et d'aider, il s'adresse aux jeunes avec Action-École pour les faire participer à un mouvement d'entraide alimentaire pour l'Afrique, se retrouve auprès de Coluche pour les Restos du Cœur, et participe au concert des Chanteurs sans Frontières à la Courneuve.

En même temps, toujours débordant d'énergie, il sort son huitième album, *Sauver l'amour*, parce qu'il y a un nouveau bébé en route, mais aussi et surtout parce qu'il est convaincu que cet amour est l'essentiel de la vie.

Dans ce dernier disque, tout Daniel est là avec Corinne, l'*Aziza*, la chérie en arabe, avec laquelle il part tourner le clip au Maroc. Chanson engagée s'il en est, qui résume sa volonté de voir les gens aimés pour leurs différences... Pour cette chanson, il reçoit au nom de SOS-Racisme le prix de la chanson antiraciste en décembre 1985.

Ce fut sa dernière récompense. Au mois de janvier arrive le moment de participer à nouveau au Paris-Dakar. Cette fois-ci, il ne s'agit pas pour Daniel de courir, mais de monter l'opération Pari du Cœur destinée à installer en Afrique des pompes à eau qui permettraient d'aider les habitants à lutter contre la sécheresse.

Dans l'esprit de Daniel, qui a obtenu l'accord de Thierry Sabine, ce seront les camions qui les transporteront et les laisseront sur place. Puis vient le 14 janvier. Thierry Sabine, Daniel, Nataly Odent du *Journal du Dimanche*, François-Xavier Bagnoux, le pilote, et Jean-Paul Le Fur montent dans l'hélico du Paris-Dakar. Daniel est heureux. C'est son baptême de l'air dans ce type d'appareil ! Certes, un vent de sable s'est levé, mais pas de quoi s'inquiéter. Il s'agit de suivre le fleuve Niger...

La machine s'envole. Le temps est mauvais. Ce sera plus facile en suivant les feux d'une voiture qui continue la compétition à terre.

Mais le désert en décide autrement...

L'hélico percute une dune.

Aucun survivant.

Demeurent les hypothèses, les louanges post-mortem, mais à quoi bon ! Daniel est parti avant les autres. Il allait avoir 34 ans et n'aura jamais connu Joanna, née le 1er juin suivant.

MICHEL BERGER

Pour nous il a joué du piano debout, s'est engagé dans des causes lointaines ou proches toujours avec des mots et des mélodies émouvantes. Chanteur et compositeur de talent – pour lui-même et pour les autres –, il n'avait que des amis dans le métier... ce qui est rare.

QUAND Michel naît le 28 novembre 1947 à Neuilly, dans une grande famille bourgeoise, son avenir s'annonce radieux. Il est le fils de Jean Hamburger, l'un des plus grands professeurs de médecine français, et de Annette Haas, une pianiste de renom, le chemin de sa future vie semble tout tracé. Il sera probablement le digne héritier de son père, à l'abri du besoin, entouré de l'affection des siens dont son frère, Bernard, et sa sœur Francka. D'ailleurs, les premières années de son enfance se déroulent sans heurts particuliers, dans un monde sans drame. Michel grandit dans une atmosphère harmonieuse, attentif à maîtriser le piano sous la conduite affectueuse de sa mère.

Il faut le départ de son père du foyer familial, alors qu'il a 8 ans, pour que la souffrance s'immisce dans son cœur. Une souffrance indicible, qu'il dissimule derrière un silence de façade comme il est convenable de le faire dans son milieu. Délicate attitude d'un enfant réservé et sensible qui apprend au même moment que son frère est atteint d'une grave maladie dont il ne réchappera probablement pas. Cependant, si Michel accepte ces rudes coups du sort, il sait déjà qu'il les maîtrisera. Mieux, qu'il les dominera, par la musique et les mots.

Si cette vocation précoce est due en partie aux harmonies que sa mère travaille inlassablement sur son piano, elle est aussi la réponse courageuse d'un jeune garçon déjà solide en son for intérieur. Pas question de ne pas domestiquer son destin !

Évidemment, lorsqu'il avoue à ses parents son désir de composer des musiques et des chansons, c'est la surprise. Surtout pour son père qui continue à voir en lui un futur professeur de médecine. Toutefois, on n'en fait pas un drame. La réponse est un juste compromis : compose avec la vie avant de composer de la musique, bref, passe au moins ton bac !

Pour Michel, qui est entré au lycée Carnot, ce sera une formalité. L'élève est brillant. Toutefois, au fil des mois, l'incompréhension de son milieu se fait de plus en plus vive. Alors qu'au piano et à la guitare il s'initie aux rythmes de Ray Charles avec son ami

Jean-Philippe de Saint-Geours, on lui fait comprendre que cette musique n'est pas la bonne. On ne la comprend pas, ou plutôt on la refuse. Dans ces conditions, il ne reste plus à Michel qu'à prendre le large, à conquérir son indépendance, et il s'installe dans une chambre de bonne. S'il a le cœur serré par cette déchirure – on n'abandonne pas sa famille comme ça –, il éprouve enfin la joie d'être seul et de pouvoir laisser libre cours à son inspiration.

Toujours à la recherche des mots et des musiques justes, il continue à travailler avec son ami Jean-Philippe jusqu'à ce jour de juin 1963 où ils se présentent tous deux à une audition de la maison de disques Pathé Marconi appelée « Idoles de demain ». Pour l'occasion, Michel a choisi Berger comme nom d'artiste, et les deux complices enregistrent deux chansons d'amour, *Tu n'y crois pas* et *Amour et soda*.

LE JEUNE PRODIGE DE LA CHANSON

Le 45 tours, retenu par Pathé, sera son premier succès. La première des deux chansons passe et repasse dans l'émission « Salut les copains ». Pour Michel, c'est déterminant. Il vient de se prouver qu'il était capable de faire ce que lui dictait sa voix intérieure, tout en montrant à ses parents qu'il avait raison.

Cependant, une hirondelle ne fait pas le printemps. Michel a beau s'acharner, il ne parvient pas à rééditer son premier succès. Et malgré les disques qu'il continue d'enregistrer avec Jean-Philippe, aucun des titres n'émerge. Après un détour par les États-Unis où il est allé s'imprégner de l'ambiance, il revient

et tente à nouveau de forcer le succès. Le 12 avril 1966, Jean-Marie Périer lui propose de figurer sur la photo qui réunit tout ce qui compte déjà dans la chanson française à cette époque. Michel sourit alors à l'objectif auprès de Françoise Hardy, Sheila, Johnny et Sylvie, Claude François, Eddy Mitchell, Gainsbourg et bien d'autres, dont France Gall...

Toutefois, si la photo est réussie, cela ne donne pas pour autant à Michel l'opportunité de chanter. Alors, patient, il décide d'attendre en se consacrant au métier de directeur artistique, chez Pathé Marconi.

En même temps, il continue d'écrire des textes dont *Les Girafes*, pour Bourvil, qui obtient suffisamment de succès pour lui redonner l'envie de persévérer.

Il a raison.

Dès 1969 il réussit un coup de maître en écrivant *Adieu jolie Candy*

Au centre : France et Michel en 1978 dans la loge de son spectacle. Le couple idéal pour des milliers d'admirateurs.

20

pour François Michaël, qui devient aussitôt un tube.

Tout autre que lui se serait satisfait de sa situation. Michel, non ! Tout simplement parce qu'il a d'autres talents et qu'il veut les exploiter. C'est ainsi qu'en même temps qu'il promeut de nouveaux chanteurs et écrit pour d'autres, il prépare une maîtrise de philosophie à Nanterre sur « L'esthétique de la pop music » !
Le choix de terminer ses études n'est évidemment pas neutre. De cette manière, il fait d'une pierre deux coups. Non seulement il a exprimé sa pensée sur la musique de son temps, mais, en même temps, il a satisfait le désir de ses parents de le voir également reconnu pour ses qualités intellectuelles. Autre avantage : l'achèvement de ses études lui libère l'esprit et lui permet désormais de se consacrer entièrement à la musique... et à l'amour.

Cette même année, il a en effet rencontré Véronique Sanson. Belle, volontaire et talentueuse, elle a tout pour séduire Michel. Émerveillé, celui-ci lui propose immédiatement de rentrer dans son écurie, ce qu'elle accepte, et les deux musiciens ne tardent pas à être liés par une tendre complicité.
Un premier tube pour Véronique, *Le printemps est là*, naît de leur collaboration, puis Michel enregistre son premier vrai succès, *Jésus*, et devient producteur dans la maison de disques WEA où il entraîne Véronique.
Après leur succès commun *Amoureuse*, où la voix de Véronique épouse à la perfection les mots et la mélodie de Michel, ce dernier concocte pour lui-même son premier album *Puzzle*, qui n'obtient qu'un succès mitigé. Peu importe ! Michel continue et offre à Véronique l'une de ses plus belles chansons, *Besoin de personne*, qui se hisse immédiatement au sommet des hits. Toujours boulimique, il produit ensuite l'album de Françoise Hardy qui vient de le rejoindre chez WEA... Désormais, il est aux anges. S'il ne chante pas encore, il sait faire chanter les autres !

LE DÉBUT D'UNE GRANDE AVENTURE

Nous sommes alors en 1974. À cette époque, le succès ne sourit plus guère à France Gall. Manque d'inspiration, fatigue, mal de vivre ? Pour toutes ces raisons à la fois, elle n'est plus autant convaincue de devoir continuer à chanter. Il y faudrait une sorte de miracle...
Celui-ci arrive avec la chanson qu'interprète alors Michel, *Attends-moi*.

22

Pour France, c'est la révélation. Celui qu'elle attend, c'est lui. Prémonition ? En tout cas, cela tombe au bon moment. Véronique vient de quitter Michel pour rejoindre Stephen Stills aux États-Unis.

Cependant, tout n'est pas simple. Pendant plusieurs mois, Michel, meurtri par l'échec affectif qu'il vient de vivre, s'est replié sur lui-même. Néanmoins, ils finissent par se mettre au travail. Résultat : un titre phare, *La Déclaration*, un véritable hit qui se vend comme des petits pains, et dont les paroles prennent tout leur sens avec le mariage de France et Michel, conclu discrètement le 22 juin 1976 dans le XVIe arrondissement. Ils s'installent ensemble dans une maison proche du bois de Boulogne, et voilà les deux amoureux propulsés main dans la main dans le paysage de la chanson française. C'est alors une avalanche de titres – *La Petite Sirène 76*, genre comédie musicale, puis *Ça balance pas mal à Paris* – qu'ils interprètent en duo. Commence aussi une vie commune sur le tempo de la mélodie du bonheur. Amour mais aussi admiration réciproques, font de leur couple un exemple d'équilibre pour leur génération. On aime leur complicité et surtout leur discrétion. Chez eux, rien de tapageur sur leur vie privée, seulement des chansons.

Après des succès communs *Dancing Disco* ou *Si Maman si*, Michel se jette à cœur perdu dans une nouvelle aventure : *Starmania*, un opéra rock où il veut exprimer toute la violence du monde d'alors.

Tout a commencé deux ans plus tôt avec un talentueux parolier canadien, Luc Plamondon. Ils inventent l'histoire de Johnny Rockfort, Sadia, Ziggy, Zéro Janvier et Cristal. À eux deux, ils anticipent les luttes d'aujourd'hui, celles des banlieues, de l'écologie et du terrorisme. À eux deux, ils accouchent d'un chef-d'œuvre. Si l'opéra est un triomphe – plus de 100 000 personnes viennent le voir –, le disque en est un autre. Tout le monde fredonne *Le monde est stone*, *Les Uns contre les autres* et *Quand on arrive en ville*. On apprécie encore davantage le timbre de la voix de France et l'on découvre un nouveau talent, Daniel Balavoine, qui deviendra l'un des meilleurs amis de Michel.

Si l'époque est faste pour le couple sur le plan professionnel, elle l'est encore davantage sur le plan privé : Pauline, le fruit tant attendu de leur amour, vient de naître.

Après le succès phénoménal de *Starmania*, Michel écrit un album pour France, intitulé *Paris-France*, contenant un nouveau tube, *Le Piano debout*, qu'il a écrit en hommage au chanteur Jerry Lee Lewis et peut-être aussi pour exprimer un peu de lui-même. Puis, toujours débordant d'inspiration, il écrit un autre album pour lui-même, *Beauséjour*, où il interprète *La Groupie du pianiste*, qui le propulse au sommet du hit-parade.

Pour Michel, toujours en retrait par rapport à France, c'est une sorte de nouvelle consécration. Derrière le compositeur, le public découvre enfin un chanteur de talent. Au fil des mots, il précise sa personnalité comme dans *Celui qui chante*, du même album, où il exprime non seulement son amour de la musique mais aussi la place essentielle qu'il lui accorde.

Pour le couple, un autre bonheur plus intime vient s'ajouter aux autres avec la naissance de Raphaël. France et Michel sont fous de joie. Ce dernier l'est tellement que l'année suivante, dans son album *Beaurivage*, il dédie une très belle chanson à sa fille, *Ballade pour une Pauline triste*.

De plus en plus connu et apprécié, Michel se produit alors en juin au Théâtre des Champs-Élysées. Pas un de ses admirateurs ne lui fait faux bond. Durant cette courte apparition, il fait salle comble.

Dans ces conditions, bien des chanteurs se seraient arrêtés sur ce succès pour souffler ou pour servir au public des chansons de la même veine. Michel non.

Au contraire, pour lui, le succès est le début d'une nouvelle exigence, d'un approfondissement de son propre talent. Cela est manifeste dans l'album qui suit et qu'il offre à France, *Tout pour la musique*. Les textes ne sont plus seulement beaux, ils défient la souffrance, l'injustice, l'emprisonnement comme dans *Diego* qui reste libre dans sa tête malgré la prison et les chaînes qui entravent ses mouvements.

◎ *Ci-dessous :* Michel en solo à l'Olympia en 1982 : il aimait ces moments rares où le chanteur pouvait s'exprimer autant que le compositeur.

23

24

La liberté, l'une des grandes passions de Michel, n'est sans doute pas étrangère au fait qu'en 1983 il décide de fonder sa propre maison de production, Apache, avant de sortir un nouvel album *Voyou*, dans lequel il exalte Diego, l'adolescence, et encore l'amour, son point de repère le plus vivant, le plus riche d'inspiration. Tandis qu'il revient à la scène durant le mois de mai au Palais des Sports, il prépare déjà les textes et les musiques du prochain album de France, *Débranche*, qui dépasse très rapidement le million d'exemplaires. Un succès mérité quand on se rappelle *Débranche*, *Cézanne peint*, *Hong-Kong star*, autant de titres magiques que toute la France fredonne, et que France chantera avec passion au Zénith dès le mois de septembre. Peut-être pour la première fois, avec cet album, leur complicité amoureuse et professionnelle apparaît clairement aux yeux du public. L'osmose entre leurs deux talents est telle que désormais on ne pense plus à l'un sans penser à l'autre...

Pour Michel, l'année 1985 s'ouvre sur une nouvelle expérience, ou plutôt sur la confirmation qu'il peut comprendre un chanteur, a priori aux antipodes de ce qu'il est lui-même, lorsque Johnny Halliday lui demande d'écrire son prochain album. De cette rencontre inattendue jaillit une nouvelle inspiration, toute dédiée à une bête de scène qu'il n'est pas, mais qu'il admire. De cette confrontation originale naît toute une série de textes qui apparaissent aujourd'hui comme étant les plus beaux que notre rocker national ait jamais chantés : *Quelque Chose de Tennessee*, *Le Chanteur abandonné*, *Aimer vivre*, *Parker*...

Connais pas. D'ailleurs, le public ne s'y trompe pas. Quand Johnny les interprète devant ses fans à Bercy, c'est le triomphe.

Ce succès, obtenu d'une certaine manière par procuration, dope à nouveau l'inspiration de Michel, qui publie un nouvel album : *Différences*. D'un ton très personnel, pleines d'attention pour les autres, les chansons qu'il contient nous font découvrir Michel sous un jour nouveau.

Le chanteur s'engage dans la dénonciation de l'indifférence à ceux qui souffrent. Comme France, Michel se révolte de voir le monde aussi peu attentif à la sécheresse de l'Afrique, à ces coups d'État qui coûtent la vie à des milliers d'innocents, à la richesse inégalement répartie... Et c'est enthousiaste qu'avec France, Daniel Balavoine et Richard Berry, il se lance dans l'aventure d'Action-École.

Si l'idée proposée par le journaliste Lionel Rotcage est simple – susciter la générosité chez les enfants des écoles envers le Tiers Monde –, sa réalisation l'est beaucoup moins. Mais avec le dynamisme des initiateurs, les embûches sont rapidement écartées, et ce sont bientôt 2 000 tonnes de nourriture qui prennent la direction de l'Éthiopie et du Soudan.

◙ *Page de gauche :* Michel jouant du « piano debout », l'un des plus gros succès de France, écrit en hommage au chanteur Jerry Lee Lewis.

◙ *Ci-dessous :* Michel et Johnny Halliday : de cette rencontre insolite naquirent des textes parmi les plus émouvants interprétés par notre rocker national.

Michel et France, à l'instar de leurs amis, sont partout. En Afrique, bien sûr, mais aussi sur les radios et les télés pour sensibiliser l'opinion. Ils présentent un nouveau projet, « Opération Delta », qui consiste à collecter des fonds et à faire aboutir des projets pour équiper une région du Mali... Nouvel engagement, nouveau succès. Près de 40 millions de francs sont collectés !

Si, pour Michel, l'Afrique est une terre d'action humanitaire, c'est aussi un lieu d'inspiration. Il en rapportera quelques-uns des plus beaux textes de l'album *Babacar*, interprétés par France à la fin de l'année 1987 au Zénith. Pêle-mêle, les chansons *Babacar*, *La Chanson d'Azima*, et bien d'autres, nous emmènent vers les contrées lointaines de la souffrance, comme une invitation à ne pas rester insensibles et inactifs.

Tandis qu'en cette mi-année 1988 la France inaugure un nouveau septennat sans changer de président, Michel est de nouveau tenté par l'idée d'écrire un autre opéra musical avec Luc Plamondon où s'exprimeraient les angoisses mais aussi les espoirs de la jeunesse du moment.

Cela donne *La Légende de Jimmy*, une histoire inspirée de la vie de James Dean. Cependant, l'accueil n'est pas celui escompté par ses créateurs. Qu'importe ! Michel, toujours électrisé par une inspiration sans limites, a déjà écrit les chansons de son dernier album, *Ça ne tient pas debout*. De *Paradis blanc* à *Danser sur la glace*, de *Ça ne tient pas debout* à *Privé d'amour*, il nous livre encore une autre facette de lui-même, faite de nostalgie, de révolte et de tristesse.

DES MOTS ET DES MÉLODIES EN GUISE DE TESTAMENT

Au début du mois de février 1992, Michel apprend la mort de son père, le professeur Hamburger. Son chagrin est immense, d'autant plus que depuis ses années d'adolescence les deux hommes avaient acquis une certaine complicité. Cependant, cela ne l'arrête pas dans son activité incessante de création.

En effet, avec France, il est en train de relever le nouveau défi d'un album en duo. Ils l'imaginent comme une

🔲 *Ci-contre :* Michel, France, Laurent Voulzy, Jacques Higelin et Véronique Sanson réunis pour interpréter *Chanteurs sans frontières*, un disque destiné à venir en aide aux plus démunis du Tiers Monde.

Ci-contre
et en bas :
*La légende de
Jimmy* : le second
opéra rock écrit
par Michel Berger
et Luc Plamondon,
mis en scène par
Jérôme Savary
(au centre). En
s'inspirant de la
vie de James
Dean, les auteurs
y exprimaient les
angoisses et les
espoirs de la
génération née
de 1968.

synthèse de leurs deux talents, comme une manière de dire davantage sur eux et sur le monde. Cela donne *Double Je,* avec plusieurs chansons qui deviendront des tubes comme *Bats-toi, Laissez passer les rêves, Jamais partir, Toi sinon personne...* Autant de textes à deux voix où s'expriment leurs révoltes contre un monde qui ne tourne plus tout à fait rond. Autant de dénonciations de la souffrance, de l'injustice et de la violence.

Très vite, l'album entre au Top 50. Heureux d'avoir pu dire à deux ce qu'ils exprimaient souvent chacun de leur côté, Michel et France, tout à leur bonheur, décident alors de s'exiler dans leur propriété de Ramatuelle pour y profiter du soleil et du calme. Les projets ne manquent pas.

En particulier un concert qu'ils ont prévu de donner ensemble à La Cigale au mois d'octobre suivant...

Tous les deux, amoureux et seuls, en ce dimanche 2 août 1992 – les enfants sont en vacances –, ils profitent des heures qui s'écoulent lentement au rythme du vent marin. Le soir, alors que la chaleur devient moins pesante,

Michel se propose de faire une partie de tennis avec des amis. France, elle, préfère préparer le dîner. Soudain sur le court, c'est le drame. Michel, stoppé net dans son élan, met le genou à terre. Il vient de ressentir une violente douleur au cœur. Pourtant, après avoir récupéré, il rentre comme s'il ne s'était rien passé de grave. Lorsqu'il évoque l'incident, France lui conseille de consulter un médecin, mais lui, qui n'a pas l'habitude de se plaindre, refuse. Ce n'est pas la peine ! Des douleurs comme celle-là, il en a déjà eu des dizaines ! Non, il va prendre un bain, ce sera la meilleure manière de se relaxer. Pourtant, quelques minutes plus tard, alors qu'il est immergé dans l'eau, la douleur le reprend, beaucoup plus violente cette fois-ci. France, qu'il a prévenue, se précipite alors au téléphone pour appeler un médecin, puis revient pour aider Michel à sortir de la baignoire.

Lorsque le médecin arrive, quelques minutes plus tard, Michel semble à nouveau aller mieux. Le docteur, prudent et réservé sur son diagnostic, lui donne un comprimé pour l'aider, puis il appelle d'urgence le Samu. Tant qu'à faire, mieux vaut pratiquer des examens complémentaires tout de suite. Mais le mal de Michel le gagne de vitesse. À nouveau pâle, ce dernier serre la main de France puis s'affaisse...

Quand le Samu arrive, il est déjà trop tard. Les médecins ont beau tenter l'impossible, rien n'y fait.

Michel a cessé de vivre.

Dès le lundi, les communiqués officiels expriment ce que toute la France ressent. On vient de perdre l'un de nos chanteurs les plus talentueux, les plus inventifs, un ami.

Trois jours plus tard, Michel, entouré des siens et de ses nombreux amis est enterré au cimetière Montparnasse. Toute la famille de la chanson est là.

De Véronique Sanson à Johnny Halliday, de Michel Jonasz à Françoise Hardy, ils entourent de leur affection France et ses deux enfants. Derrière eux, une immense foule pleure son idole. Il revient à Jacques Attali, l'ami, de prononcer l'éloge funèbre. Au hasard des phrases, ces quelques mots : « Tout ce qui est rare est fragile. Et Michel était rare, il était à part. Car s'il est rare qu'un artiste soit un juste, encore plus l'est-il qu'un juste soit un artiste. Michel était l'un et l'autre. »

Ci-dessous : Si l'homme n'est plus, ses mots et ses harmonies demeurent.

29

MIKE BRANT

Mike Brant fut une météore adulée
dans la chanson de variété.
Doté d'une voix magnifique et d'un cœur en or,
il laisse toute une génération d'admiratrices orphelines.

EN cette fin d'année 1945, le destin des juifs réchappés de l'holocauste se réduit encore à l'errance. Des camps à la terre promise d'Israël, le chemin est encore long.

Parmi eux, Fichel Brand et Bronia Rosenberg, rescapés de la résistance polonaise pour le premier et d'Auschwitz pour la seconde. Ces deux morts-vivants revenus de l'enfer se croisent un jour, par hasard, dans un centre d'accueil de déportés, quelque part en Pologne. Dans leurs regards où se lisent encore les horreurs de *Nuit et Brouillard*, une petite flamme s'anime à nouveau. Celle de l'amour, qui n'a que faire de la souffrance, de l'exil ou de la mort. De ce jour Bronia et Fichel vont s'aimer avec la même volonté partagée de traverser main dans la main les nouvelles épreuves qui les attendent. Bien qu'ils soient libres et mieux nourris, ce sont encore des trains qui les transportent vers des destinations inconnues. D'abord des fermes d'accueil où ensemble ils se refont une santé, puis Marseille où ils s'embarquent vers la Palestine, cette terre mythique si souvent invoquée dans les prières qui les aidaient à mieux supporter la rigueur des hivers polonais.

Mais la Palestine c'est comme l'Eldorado, c'est loin, très loin, jamais accessible. Et comme des milliers d'autres, les voilà refoulés du port d'Haïfa et ramenés sur l'île de Chypre, dans un autre camp de réfugiés. À nouveau des baraquements, des dortoirs, des réfectoires. À nouveau la crainte de ne jamais arriver. Mais ce matin du 1er février 1947, Bronia et Fichel s'en moquent. Moshé, le beau Moshé, le futur Mike vient de naître. Le fruit de l'amour, leur nouvelle raison d'espérer dans la vie. Il leur faudra encore attendre septembre de la même année pour enfin fouler la terre de Palestine. Qu'importent la chaleur, l'inconnu toujours angoissant, cette organisation militaire qui les accueille. Oui, qu'importe ! Ils foulent enfin la Terre promise et c'est avec joie qu'ils se laissent emmener vers un kibboutz de Galilée où le petit Moshé découvre la vie.

Mais la vie de kibboutz n'est pas faite pour tout le monde. En tout cas, pas pour la famille Brand qui souhaite par-dessus tout la paix et le confort d'une vie rangée, en ville, entourée d'autres familles qui leur ressemblent.

◙ *Page de droite :* Mike Brant fut l'idole de millions de femmes. Pourtant, durant toute sa vie, son cœur fut rongé par la solitude.

Au bout d'une longue année, ils reviennent alors à Haïfa et s'installent dans un deux-pièces, le symbole du bonheur. Fichel part travailler à la mairie tous les matins, laissant Bronia préparer la cuisine et Moshé faire ses premiers pas.

UN ENFANT MUET

Les mois s'écoulent tranquillement, sans secousses, si ce n'est celles de l'histoire, comme en mai 1948 quand la Palestine devient Israël. Mais rien de comparable avec ce que l'un et l'autre ont vécu. Au contraire ! Désormais, les voilà chez eux et c'est dans la joie renouvelée que Bronia met au monde Zvi, le frère de Moshé.
Tout irait pour le mieux si le petit Moshé qui grandit pourtant de manière harmonieuse ne se taisait obstinément. Joueur et joyeux comme les autres enfants, il demeure pourtant muet, muré dans le silence exprimant là comme un ultime refus. Les parents, inquiets, consultent. Heureusement ils rencontrent des spécialistes qui savent les rassurer. Moshé est normal, très normal. La parole viendra après ces dessins qu'il ne cesse de griffonner un peu partout. Et effectivement, un beau matin, alors que dans la rue passe le marchand de glace à rafraîchir, Moshé, accoudé à la fenêtre s'écrie : « Kérach ! Kérach ! » Des glaces ! Des glaces !… Cette voix venue de très loin s'exprime alors en un chant continuel. Sans aucun doute Moshé aime chanter, ce qui l'amène à la synagogue où un maître le prend en charge pour travailler sa voix. Seulement l'enfant qu'on croyait si sage ne l'est pas tant que cela. À l'école Carméli, il aime surtout faire des plaisanteries, en un mot faire le clown. Ce n'est pas

du goût de ses maîtres qui le renvoient de l'école.

Fichel et Bronia sont plus malheureux qu'en colère. Ils sentent bien qu'il va falloir prendre des mesures pour discipliner Moshé, et il n'y en a qu'une : l'inscription dans un kibboutz.

UNE JEUNESSE SOUS LE SIGNE DE LA JOIE DE VIVRE

En ce matin brumeux, quand le car vient prendre leur fils pour le kibboutz Gesher, très éloigné d'Haïfa, il faut toute la bonne humeur et l'optimisme de Moshé pour que Bronia n'éclate pas en larmes. En fait de discipline, Moshé va découvrir la camaraderie, et surtout faire s'épanouir ses talents de comédien, de comique, de boute-en-train. Comme d'ordinaire, il respecte peu les règlements communautaires et bientôt le voici à nouveau renvoyé. Son père, bien sûr, aurait pu se mettre en colère, le menacer de mille châtiments, mais au fond, il n'en a pas envie. Comme Bronia, il est trop heureux de revoir son fils et c'est avec courage qu'il demande au directeur de l'école Carméli de bien vouloir le reprendre. Ce dernier, compréhensif, accepte.

Quinze ans, c'est jeune, et pourtant c'est l'âge où Moshé doit choisir entre des études ou l'apprentissage. Les premières étant trop onéreuses pour les maigres revenus de la famille, il devient du jour au lendemain réparateur de réfrigérateurs. D'autres que Moshé auraient vécu cette situation avec amertume. Lui, au contraire, la prend avec le sourire, attitude qu'il aura d'ailleurs tout au long de sa vie. De maison en maison,

◘ Ci-dessous : Chanteur de charme de l'âge d'or des variétés, Mike Brant, au faîte de sa gloire, aimait tout ce qui allait vite...

33

la trousse à outils en bandoulière, il répare en chantant ou en sifflant *My Prayer*, le tube des Platters que sa mère vient de lui offrir pour son anniversaire.

Cependant, sa bonne humeur n'est pas suffisante pour masquer le fait qu'il maigrit de jour en jour et surtout que des douleurs de plus en plus vives assaillent son estomac. Le verdict des médecins tombe, cruel : Moshé est victime d'un ulcère qu'il faut opérer d'urgence. Si l'opération réussit, ses conséquences sont inévitables : plus question pour Moshé de travailler comme réparateur de réfrigérateurs. Alors le jeune homme se met à la recherche d'un autre emploi, et devient guide au musée de la Marine !

LE SUCCÈS EN ISRAËL

Cela ne dure pas très longtemps. Quelques semaines plus tard, alors qu'il rentre chez lui, son frère Zvi lui propose de prendre sa place comme chanteur dans le petit orchestre auquel il appartient. Moshé accepte et sa voix fait le reste. En quelques jours, il se taille déjà de sacrés succès auprès de ses camarades de quartier et surtout des jeunes filles qui commencent à lui demander des autographes. Pour Moshé, pas de doute, il a trouvé sa voie. Plus question désormais de changer de cap. Il en est d'autant plus convaincu que son père devient dès le premier jour son plus ardent supporter.
Poussé par ses premiers succès, Moshé improvise alors le soir sur la place toute proche du logis de ses parents. Mais si ces concerts inattendus lui valent parfois de finir la nuit au poste, ils lui permettent surtout de décrocher son premier vrai

engagement, le 31 décembre 1964 dans l'hôtel Zion de Tel-Aviv. Premier grand succès dont il subsiste une cassette enregistrée ce soir-là, mais aussi première marche vers la gloire. Peu de temps après, le directeur du Rondo, l'une des plus grandes boîtes de Haïfa, l'engage pour plusieurs mois. Il est temps de trouver un nom de scène. Mike Brant est né.
Le succès appelant le succès, le voilà engagé à l'hôtel Hilton de Tel-Aviv. Sa voix profonde et mélodieuse y fait des ravages, comme son physique remarqué par toutes les femmes. Expérience d'autant plus enrichissante qu'il chante les grands succès qu'on lui demande dans leur langue originelle.
Malheureusement, c'est aussi à cette époque qu'il vit l'une de ces blessures qui ne guérissent jamais. Un soir d'avril 1967, alors qu'il va entrer en scène, un coup de téléphone de son frère l'alarme. Leur père est au plus mal. Mike se précipite, indifférent au public qui l'attend comme tous les soirs. Rien n'est plus important que son père, cet homme si généreux qui l'a toujours mieux compris que quiconque ! Toutefois, il a eu beau accourir aussi vite qu'il peut, il arrive trop tard.
Son père est déjà mort.
Bronia lui conseille de retourner chanter à Tel-Aviv. Sa réussite sera un peu celle de ce père tant aimé qui vient de disparaître. Le premier soir où Mike reprendra son tour de chant, il ne pourra retenir ses larmes. L'assistance nombreuse et recueillie le soutient aussitôt en partageant sa peine.

Suivent deux années exceptionnelles pour Mike. Désormais repéré comme l'un des plus grands chanteurs de son pays, la troupe du Grand Music Hall d'Israël fait appel à lui. Il accepte avec joie, d'autant plus qu'en chantant il se fait l'ambassadeur de son pays si souvent en guerre, et parfois incompris.

À son retour quand il reprend ses tours de chants à l'hôtel Sheraton de Tel-Aviv, la chance se présente à nouveau en la personne du propriétaire de l'hôtel Hilton de Téhéran. L'homme ne tarit pas d'éloges sur Mike. Pour lui, le jeune homme possède sans aucun doute l'une des plus belles voix qu'il lui a été donné d'entendre depuis des années. Et il sait de quoi il parle, le bonhomme ! Chez lui se succèdent les plus grandes stars internationales ! Quand il propose un contrat à Mike, celui-ci n'hésite pas et signe les yeux fermés. Il a raison.

UN GRAND TOURNANT : SA RENCONTRE AVEC SYLVIE ET CARLOS

Quelques semaines plus tard, alors qu'il effectue son tour de chant à Téhéran, il séduit deux artistes français et pas des moindres, Sylvie Vartan, alors en pleine gloire, et Carlos, son secrétaire particulier. Pour eux pas de doute : Mike est une future star ! Ils lui donnent aussitôt rendez-vous à Paris.

Pour Mike, recevoir une telle marque de confiance de la part d'une chanteuse aussi talentueuse que Sylvie Vartan lui donne des ailes. Serait-ce vrai qu'il détient un tel talent ? Quelques jours plus tard il atterrit à Orly et le voilà aussitôt enfermé dans une cabine téléphonique à faire et refaire le numéro de Carlos et de Sylvie. Malheureusement, à chaque fois le téléphone sonne dans le vide. Le lendemain également, puis le surlendemain.

36

Pendant une semaine, il arpente le Quartier latin où il a trouvé une chambre à louer, Saint-Germain, puis d'autres de ces lieux mythiques dont il a tant entendu parler. Plusieurs fois par jour il continue de composer les numéros de téléphone qu'il connaît maintenant par cœur, mais sans plus de résultat.

Approche alors le jour du départ. Mike n'a plus d'argent, mais ce qui est plus grave il n'a plus d'espoir. Au fur et à mesure que son taxi se rapproche d'Orly, ses rêves s'effilochent comme la brume de cette triste matinée. Heureusement, il est en avance et comme on jette une bouteille à la mer il recompose les deux numéros. Le premier, celui de Carlos répond. Tout s'explique : Sylvie, tout comme lui, était absente de Paris. Mais maintenant plus de problème. Qu'il vienne immédiatement.

Avec Carlos, le destin de Mike prend un tour nouveau en quelques semaines.

Il habite chez son nouvel ami, chante au Bistingo, s'amuse la nuit avec tous les amis du show-bizz de Carlos, mais surtout il se retrouve entre les mains de Jean Renard, un compositeur et producteur de génie qui a déjà travaillé pour les plus grandes stars de la chanson comme Johnny, Françoise Hardy et bien d'autres. Quelques vocalises de Mike suffisent pour convaincre Jean Renard. Tout va alors très vite. Entouré de ce remarquable compositeur et de quelques-uns des plus grands techniciens de studio, voilà Mike qui se met à fredonner puis chanter les deux chansons qui seront ses deux premiers grands tubes *Laisse-moi t'aimer* et *Parce que je t'aime plus que moi*. Dans les studios, tous les techniciens sont unanimes. La voix de Mike est unique et magnifique... Il n'y a qu'un problème : Mike ne connaît pas le français suffisamment et ne chante que phonétiquement, après être passé par l'hébreu.

Mais qu'à cela ne tienne. Mike est courageux, il s'accroche et répète sans cesse. Le résultat est impressionnant. Cependant, encore faut-il convaincre un diffuseur de passer ses chansons sur les ondes à une heure de grande écoute. Ce sera RTL, grâce à Monique Lemarcis, emballée, qui l'impose. Grâce à Philippe Bouvard, également, qui fait passer Mike dans son émission, et qui, frappé par l'interprétation de *Laisse-moi t'aimer*, la lui fait rechanter.

En une heure tout au plus, Mike Brant, l'inconnu, devient la coqueluche de millions de femmes. Un vrai succès qui se confirme quelques mois plus tard au Grand Prix de la chanson RTL International où Mike triomphe avec un autre titre *Mais dans la lumière*.

Dès lors, rien ne peut arrêter la déferlante. Les disques se vendent par centaines de milliers. Mike remporte succès sur succès. Au gala du Midem, à minuit à la télévision pour la nouvelle année auprès de Jacqueline Huet, puis plus tard avec Danièle Gilbert, Guy Lux et d'autres. Des paroliers comme Frank Gérald lui prêtent leur talent. Et surtout Dalida, qui sera jusqu'à la fin l'une de ses plus fidèles admiratrices et amies, lui propose de passer en première partie de son spectacle.

Le mot succès s'inscrit en lettres d'or dans la vie de Mike. Rien qu'il n'entreprenne et qui ne réussisse. Que ce soit en composant sa propre musique pour la chanson *C'est ma prière*, ou adaptant la chanson *Che sara* en *Qui saura ?* avec la collaboration de Michel Jourdan, l'un des grands paroliers français qui lui donnera quelques-uns de ses plus beaux textes.

L'année 1973 s'ouvre alors sous les meilleurs auspices. Mike fait désormais partie des grands de la chanson. Devenu une star, il doit affronter comme toujours dans ces cas-là la pression des médias mais surtout celle de ses admiratrices dont le nombre va grandissant. Dans les deux dernières années de sa vie, l'artiste ne changera pas moins de dix fois d'appartement ! Il trouve ses admiratrices couchées devant sa porte, il en aperçoit d'autres qui le traquent avec des jumelles. Son téléphone, dont il change pourtant régulièrement le numéro, sonne sans arrêt. À chaque concert, c'est une cohorte de gardes du corps qui l'accompagne pour le protéger des foules en délire. Le 2 février 1973, au Palais d'Hiver de Lyon, plus de 5 000 jeunes filles montent à l'assaut de la scène.

Le lendemain à Marseille, il s'en tire avec une morsure profonde laissée par l'une de ses groupies, trop vorace ! Il faut dire qu'avec *Rien qu'une larme* et *Tout donné, tout repris* qui viennent de sortir, le succès s'amplifie encore, d'autres cœurs chavirent. Les tournées en France et à l'étranger se succèdent. On le demande partout. Mais surtout, il reçoit un impressionnant courrier féminin – des déclarations d'amour – de tout l'Hexagone et du monde entier.

L'APPEL DU VIDE

Cependant Mike n'est pas de ces hommes qui veulent n'avoir qu'à tendre les bras. Au contraire, il veut un amour, un vrai, qui le porte encore plus loin, l'inspire, et lui permette d'avoir un de ces enfants qu'il aime

tant. Mais ce grand amour dont il rêve lui échappe comme l'eau entre les doigts. Guita, l'hôtesse danoise avec laquelle il a cru atteindre le bonheur, s'envole un beau matin vers le Canada sans laisser d'adresse. Mikhal Tal, la chanteuse israélienne, part chanter ailleurs. Autant de blessures à l'âme qu'il cache comme il le peut, derrière les mots tendres de ses chansons... *C'est comme ça que je t'aime... On se retrouve par hasard... Donne un peu de lui...*
À cet amour introuvable qui le ronge, s'ajoute la souffrance de la solitude. Adulé par des millions de fans, il n'en est pas moins rejeté, sinon peu apprécié de la profession. Malgré son succès ou peut-être à cause de lui, on ne lui donne pas toute sa place dans ce gotha si particulier des variétés. Là encore il n'est qu'un incompris. Heureusement, Léna, un mannequin suédois rencontré au printemps 1974, lui redonne espoir. Avec elle, c'est

certain, il va pouvoir enfin avoir une vie normale, loin des foules hystériques, de la presse indiscrète, des profiteurs. Hélas, même l'amour n'est plus un antidote suffisant contre ce mal de solitude qui le ronge depuis si longtemps. Et ce vendredi 22 novembre, à Genève, alors que le brouillard glacé commence à peine à se détacher de la surface du lac, Mike saute du cinquième étage de l'hôtel de la Paix. Heureusement la providence veille et sa chute est stoppée par un balcon. Il s'en sort seulement avec quelques fractures à la jambe et des contusions. Incapable d'expliquer son geste, il se remet alors de ses blessures, entouré de la chaleureuse présence de Léna, et de celle de ses amis. Les projets sont nombreux. Il fera sa rentrée en mai 1975, toujours épaulé par RTL. Les textes et les mélodies ne manquent pas, en particulier l'adaptation de *Feelings, Dis-lui*, pour envisager encore d'énormes succès.

Mais le destin est souvent obstiné dans sa cruauté. Il n'y a rien à faire. Mike ne parvient pas à surmonter l'attraction du vide et le 25 avril 1975, des millions de fans apprennent la terrible nouvelle : Mike Brant est mort. Il vient de se jeter à nouveau du sixième étage de son immeuble.

Cette fois-ci, c'est fini, bien fini. Mike va retrouver Moshé sur cette terre d'Israël qui l'a vu naître, emportant avec lui tous les mystères sur sa vie et sur sa mort. S'est-il suicidé ? A-t-il été poussé, et par qui ? Faisait-il partie, comme certains le prétendent, du Mossad, le service de renseignement israélien ?

Peu importe. Vingt ans après, ne subsistent de lui que ces magnifiques mélodies qui emballèrent tant de cœurs. Et ces fleurs sans cesse renouvelées sur sa tombe depuis le jour de son enterrement...

JACQUES BREL

À la fois, révolté, ironique et tendre, il nous a donné
à entendre des textes parmi les plus beaux sur l'amour,
la vie et la mort. Celle-là même qui l'a ravi trop tôt...

JACQUES Brel naît le 8 avril 1929, l'année de la grande crise économique. Mais le marasme épargne encore l'Europe, et son père, Romain-Jérôme, homme austère s'il en est, fait des affaires florissantes dans le cartonnage. Il est vrai que le bonhomme n'est pas doué de grande fantaisie. Pour lui seuls comptent le travail et la foi en Dieu. Cependant, une seule faille à tant de rigueur : son passé. Le sien est exotique, près de vingt ans de négoce au Congo, et les récits qu'il fait de cette existence antérieure alimentent plus d'une fois l'imaginaire de Jacques, son jeune fils. Un imaginaire bouillonnant qu'il cultive pour échapper aux quatre murs des pensions de curés dans lesquelles il fait son apprentissage de la vie...

Vient 1939, l'année de la drôle de guerre au cours de laquelle ceux qui vont bientôt s'étriper se croient à l'abri derrière leurs casemates. Mais Jacques n'entend encore rien de la tourmente qui approche, derrière les hauts murs de l'institut Saint-Louis. La tête ailleurs, il égrène simplement ses déclinaisons latines.

Soudain, le 10 mai 1940, les bombes le font sortir de ses rêves. L'hydre nazie déferle sur la Belgique sans crier gare et rompt ainsi un traité qu'elle ne respecte pas plus que d'autres. Heures de désolation, de fuites éperdues, de morts inattendues, qui frappent Jacques en plein cœur. L'injustice, celle qui le fera toujours bondir, est trop forte. Mais il est trop jeune encore pour prendre un quelconque fusil, et c'est avec la légèreté des adolescents qu'il part en randonnée avec les éclaireurs, dont il fait partie, et écrit des histoires sur ses cahiers d'écolier. Élève peu brillant, Jacques Brel se fait toutefois déjà remarquer pour ses prédispositions à l'écriture. Bien souvent, ses dissertations sont lues devant la classe.
Cependant, la guerre, de plus en plus brutale, se rapproche de Jacques qui vient d'avoir quinze ans. Son aumônier aux éclaireurs, l'abbé Shoorman, est arrêté et déporté pour fait de Résistance. Dans le ciel, les vrombissements des avions l'éveillent la nuit, et le soir avec son père qui capte la radio de Londres, il engage des discussions sérieuses.
Mais l'Allemagne, toujours forte, accentue sa pression sur les pays asservis, dont la Belgique. Elle réquisitionne, déporte, fait travailler dans les usines d'armement. Jacques, regarde, subit. Il n'oubliera jamais.

40

☐ *Page de droite :*
Jacques Brel
exprimait sa
révolte à fleur
de lèvres et
de mots...

LA PREMIÈRE DÉCHIRURE

Vers la fin de la guerre, le danger est tel qu'il ne va même plus à l'école. Son temps se partage alors entre les lectures que lui conseille son professeur, l'abbé Deschamps, et la troupe de théâtre qu'il vient de créer avec quelques copains.

À cette époque, déjà, on sent apparaître le Jacques Brel futur, celui qui explosera sur tant de scènes de music-hall. On le découvre capable de multiples métamorphoses, sachant aussi bien imiter Charlie Chaplin que Maurice Chevalier ou même Adolf Hitler dont il raille le criminel orgueil. Puis vient la Libération, tant attendue. En Belgique comme ailleurs, elle entraîne une libération des esprits et des corps. On danse dans les night-clubs sur des rythmes de jazz, on lit Sartre et Camus, on s'enthousiasme pour le cinéma américain. Jacques comme les autres, d'autant qu'il commence à grandir et rejette de plus en plus les études. Quand il dit vouloir les arrêter, c'est évidemment la consternation dans la famille. Son père se fâche, sa mère tempère. Pour finir, on trouve un compromis. Il prendra le chemin de l'usine paternelle pour apprendre sur le tas à devenir un futur patron. Cela durera quatre ans, mais quel ennui !

Ennui d'autant plus abyssal qu'il commence à découvrir l'enfermement tragique d'une certaine bourgeoisie qui se protège. Pour en sortir, le voilà engagé à fond dans Franche Cordée, un mouvement qui se propose de venir en aide à tous les déshérités que la guerre a laissés sur le pavé. Il y découvre la générosité, mais aussi la guitare qui devient pour lui une véritable passion. Il y rencontre également Thérèse Michielsen, que ses amis surnomment affectueusement Miche, et en tombe fou amoureux. L'heure n'est pas encore au mariage, même si la jeune femme n'est pas insensible à son charme. Jacques doit d'abord effectuer son service militaire au sein d'une unité de défense des aérodromes, dans la banlieue de Bruxelles. À sa sortie de l'armée, un an plus tard, il peut enfin épouser la femme de sa vie qui lui donne une fille, Chantal, dès 1951.

Mais déjà couve en Jacques un feu de révolte. L'usine, ces bourgeois si tranquilles qui l'entourent, ce monde si rangé dans lequel il évolue

☺ *Ci-dessous :*
Plein d'enthousiasme, Brel monte à Paris au début des années 50, avec sa guitare et son talent en bandoulière.

commencent à lui peser. Alors il s'évade de plus en plus, en recevant de nombreux amis à sa table, ou en courant les cabarets de l'îlot sacré, ce quartier de Bruxelles si semblable à celui de Saint-Germain, à Paris. Là, à la Rose Noire, un cabaret plus couru et sympathique que les autres, il se risque à interpréter ses premières chansons et le 17 février 1953, il enregistre un premier disque.
Dès lors, tout s'enchaîne.
Non seulement il passe à la radio, mais Canetti, le directeur des Trois Baudets à Paris, s'enthousiasme pour le jeune chanteur.
Pour Brel, c'est la première vraie déchirure, celle qui va l'obliger à des choix draconiens. Il quitte l'usine de son père qui ne comprend pas vraiment pourquoi. Mais il lui faut aussi quitter sa mère et surtout sa femme et ses deux filles Chantal, et France qui vient de naître.
Ruptures douloureuses, mais aussi libératrices. Jacques croit en lui, à Paris, au succès. Comme sa mère, qui ne cessera de l'aider, et Miche qui l'approuve, même dans la douleur.

LE TEMPS DES GALÈRES ET DES PREMIERS SUCCÈS

Les premiers pas de Brel dans le music-hall passent totalement inaperçus. Et pourtant Canetti s'accroche. Il sent du talent chez cet homme maigre au visage ingrat. L'expérience lui a donné du flair, il ne s'est pas trompé avec Gainsbourg, Brassens, Ferré ou Béart.
Pendant ce temps, Jacques s'accroche, va d'audition en audition, sans grand succès... En 1954, il chante chez Patachou, à L'Écluse, à L'Échelle

de Jacob, Chez Geneviève. Il court tous les cachets, chante partout où on l'accueille.
C'est la frénésie, une boulimie de scène, une exaltation qu'on lui connaîtra plus tard sur les scènes nationales ou internationales. Pour l'instant, si quelques cabarets commencent à le demander, la critique demeure sévère, confrontée à ce problème qu'elle n'a jamais su résoudre, hier comme aujourd'hui : comment classer ce grand échalas avec ses chansons qui ne ressemblent à aucune autre ?

◙ *Ci-dessous :* Thérèse Michielsen, dite « Miche », dont Brel fut éperdument amoureux. Dans les moments difficiles, elle sera pour lui un soutien constant.

43

Juliette Gréco, grande prêtresse des soirées de Saint-Germain, incorpore l'une des chansons de Jacques – *Ça va le diable ?* – à son répertoire, et Canetti lui fait enregistrer son premier album avec dix titres dont *Le Grand Jacques, Il pleut, Sur la place...* La sortie du disque est suivie d'un bref passage à l'Olympia qui n'est même pas remarqué. Bref, ce n'est pas la gloire, et Jacques reprend son marathon. Heureusement, il termine l'année dans un cabaret belge devant toute sa famille, dont son père, qui lui a pardonné. Il chante *Quand on a que l'amour* et est chaleureusement applaudi... C'est peu, mais c'est déjà énorme.

On commence à le prendre au sérieux dans son propre pays. Maintenant que le temps des vaches maigres s'éloigne, Jacques décide de réunir toute sa famille autour de lui. En mars 1958, il installe Miche et ses deux filles dans une maison de la banlieue nord et achète une 2 CV. Plus équilibré, heureux de ne plus être seul, il débute dans des tournées en accompagnant les gloires du moment. Le public commence à connaître son nom. Les premiers admirateurs se déclarent. Puis vient le couronnement : le prix de l'académie Charles-Cros pour son dernier disque, *Quand on n'a que l'amour*. Dès lors, la carrière de Jacques prend son élan. Plus rien ne pourra l'arrêter. Un public fidèle s'arrache ses disques où la violence des mots côtoie la tendresse des mélodies. Miche, toujours auprès de lui, est enceinte d'une troisième fille. Cependant, elle préfère retourner en Belgique plutôt que de rester auprès de Jacques. À l'époque, déjà, on l'accuse d'abandonner sa famille. Il répondra plus tard à ces accusations par une déclaration toute personnelle : « La paternité n'existe pas... »

LES ANNÉES DE TOUS LES TRIOMPHES

Arrive la fin de l'année 1959. Si Brel connaît déjà un succès d'estime, ce n'est pas encore le triomphe. Mais apparaissent à son répertoire de nouveaux titres, de grands classiques dont *La Valse à mille temps*, ou *Les Flamandes*. Ses disques se vendent comme des petits pains. Le succès est au rendez-vous. Jacques doit passer à l'Olympia juste après le triomphe de Johnny, la star française du rock. On

n'a pas manqué de lui prédire qu'il allait prendre une veste, mais voilà, le bonhomme a du coffre, de la conviction, et surtout des textes de révolte qui résonnent au cœur de chacun. Ils sont près de 2 000 à venir l'ovationner tous les soirs, durant trois semaines. Autant à reprendre les couplets des *Bourgeois*, du *Moribond*, entre autres. Brel a conquis un public désormais fidèle...

Ce triomphe qui en annonce d'autres laisse la presse et les critiques sans voix. Comment ont-ils pu passer à côté de tant de talent, terme que Brel récuse d'ailleurs avec fureur : « Le talent, dit-il, ça n'existe pas. Le talent, c'est avoir envie de faire quelque chose. Avoir envie de réaliser un rêve, voilà le talent. »

Lui, qui se voit d'abord comme un honnête artisan, garde un regard amusé sur toutes les ratiocinations journalistiques. Ce qui lui importe, c'est d'écrire pour dire ce qu'il pense et de chanter, toujours chanter.

Sous ses airs dégingandés, Jacques est un grand perfectionniste. Il soigne ses textes, jouant de plus en plus finement avec les ressources des mots, puis il arrange, avec ses complices François Robert et Gérard Jouannest, des musiques de plus en plus émouvantes.

Au début des années 60, Jacques tourne de plus en plus, couvrant jusqu'à 150 000 km par an avec Jojo, son secrétaire-chauffeur et surtout ami. Il chante aussi bien en Russie qu'en Afrique et a déjà écrit près de 250 chansons. Contrairement à d'autres, la vague rock qui déferle sur la France en ces années 60 ne porte aucun préjudice à Brel. Au contraire, il apparaît comme un havre de repos, un lieu de ressourcement pour les intoxiqués du twist et du rock.

L'année 1964 commence mal pour Jacques. En janvier, il perd son père et en mars sa mère, tellement aimée.

Si sa tristesse est immense, il éprouve pourtant une satisfaction. L'un et l'autre l'auront vu réaliser son rêve et auront compris pourquoi un jour il avait décidé de quitter l'usine ! Malgré ces rudes coups du sort, l'année 1964 se clôt sur un nouveau triomphe à l'Olympia. Devant 2 000 personnes enthousiastes, il leur révèle sa dernière chanson, encore inédite, *Amsterdam*. C'est du délire. Devenu célèbre, Brel vend des disques par centaines de milliers, donne gala sur gala avec une boulimie qui surprend. Mais c'est qu'il n'a pas changé. Il est toujours pressé, effrayé par la fuite du temps, inquiet de ne pas avoir fait tout ce qu'il devait faire. Alors, il court, avec à fleur de lèvres des mots, encore des mots, et des mélodies beaucoup plus graves et tristes. C'est que l'homme change, prend de la bouteille... À tel point, qu'il déclare à qui veut l'entendre qu'un jour il abandonnera la chanson et qu'il n'y reviendra jamais, sauf à crever de faim.

En attendant c'est New York qui l'accueille avec son public blasé et tellement sévère. En décembre 1965, face aux 4 000 spectateurs du Carnegie Hall, Jacques reste lui-même. Comme sur n'importe quelle autre scène, il accroche, gueule, crache sa rage... et comme d'habitude, il conquiert la salle. La presse outre-Manche, souvent avare de compliments, lui dresse alors des couronnes de lauriers. Le *Washington Post* ne note-t-il pas qu'il « a laissé son auditoire pantois et plein de respect » ? Il est devenu tellement célèbre que certains de ses titres comme *Ne me quitte pas* sont repris par Nina Simone et Barbara Streisand.

LA DERNIÈRE SCÈNE

Soudain, l'année suivante, alors que rien ne le laisse prévoir, Jacques prend la décision qu'il remâchait déjà depuis des lustres : il quitte la scène. Marre de chanter ! Il étouffe. En quinze ans de carrière, il a écrit près de 500 chansons, en a enregistré près de 200 ! Ça suffit. Il n'a pas l'âme d'un fonctionnaire. Il va faire autre chose... Et cette aventure qui le titille depuis l'enfance, il veut enfin la vivre, pleinement !

C'est ce que comprennent, ou plutôt essaient de comprendre, ceux qui viennent l'applaudir sur la scène de l'Olympia, ce mardi 1er novembre 1966.

Beaucoup d'entre eux, en l'ovationnant, croient alors qu'il s'agit d'un caprice de star, comme beaucoup d'autres. Eh bien non, Brel, le grand Brel, ne reviendra pas.

Et pour cause. Jacques vient de découvrir qu'il est malade, que le cancer a commencé sa lente progression. Il doit le gagner de vitesse s'il veut encore faire tout ce dont il a rêvé.

Alors l'aventurier honore quelques contrats ici et là en Europe, au Canada, aux États-Unis, puis définitivement s'éloigne de la scène. Libre ! Il est enfin libre ! Pour quoi faire ?

Après quelques semaines de repos, Jacques se précipite au devant d'un nouveau défi : le cinéma.

S'ouvre alors pour cet homme au talent exceptionnel une autre vie. Six mois après ses adieux à la chanson, le voilà investi, auprès d'Emmanuelle Riva, du rôle principal dans *Les Risques du métier*, un film d'André Cayatte. Inspirée d'un fait réel, l'histoire conte les démêlés d'un instituteur accusé par l'une de ses élèves d'avoir abusé d'elle. Brel est enthousiasmé par le sujet et s'avère être un excellent comédien.

Il récidive presque aussitôt dans *La Bande à Bonnot* de Philippe Fourastié avec Bruno Cremer. Encore une fois son talent est salué par la critique et reconnu par le public.

L'artiste aux mille facettes aurait pu en rester là, si un jour, à New York, il n'avait été subjugué par une comédie musicale, *The Man of the Mancha*. Ce spectacle a complètement séduit Jacques, qui s'identifie à ce destin magnifique et dérisoire de Don Quichotte. Il n'a plus alors qu'un seul désir : l'adapter en français et le jouer...

Après plusieurs mois d'un travail harassant, la pièce est montée en octobre 1968 au Théâtre national de la Monnaie à Bruxelles. Dario Moreno, qui joue Sancho Pança auprès de Brel, est bouleversant. Le triomphe est tel que Jean-Jacques Vital décide de le monter à Paris au Théâtre des Champs-Élysées. Tout le monde se réjouit, surtout le public qui s'arrache les places, mais le mauvais sort s'acharne alors sur le spectacle. Jean-Jacques Vital est victime d'un infarctus tandis que Dario Moreno meurt brutalement, le 1er décembre.

On trouve au pied levé un remplaçant de talent, Robert Manuel, avec qui Jacques répète jusqu'à épuisement, puis le rideau se lève le 10 décembre 1968.

Brel est tellement exceptionnel que certains viennent voir la représentation plusieurs fois. Dans le monde entier, on veut le spectacle. Même les États-Unis lui demandent de revenir à Broadway.

Au fond de lui-même Jacques serait sans doute prêt à dire oui s'il n'y avait pas ce mal insidieux qui progresse et le fait maigrir de dix kilos en deux mois. Soudain, le 13 février, le grand Jacques crie « pouce ». Il n'en peut plus. Et le spectacle s'arrête...

Cette fois-ci, Jacques ne tourne plus autour du pot. Il sait qu'il a un cancer, que le temps lui est compté. Il doit donc bouffer la vie ! Après quelques semaines de repos, il entame le tournage de *Mon oncle Benjamin* d'Édouard Molinaro, puis se précipite à Genève durant deux mois pour apprendre à piloter un avion aux instruments. Passion de toujours qu'il peut enfin assouvir... Après avoir acheté un Wassmer Super 421, il s'envole et reste longtemps entre ciel et terre avant d'atterrir pour un nouveau film, *Mont-Dragon*, que réalise Jean Valère.

De ce plateau, il passe aussitôt à un autre avec l'un des plus grands réalisateurs français, Marcel Carné. Les deux hommes se sont déjà vus, mais l'occasion de tourner ensemble ne s'est jamais présentée. Cette fois-ci, le sujet abordé dans *Les Assassins de l'ordre* convient merveilleusement bien à Brel, toujours épris de justice et de liberté. C'est l'histoire d'un juge d'instruction qui s'obstine à vouloir découvrir la vérité sur la mort d'un homme dans un commissariat... Si le film n'a pas grand retentissement, il aura au moins un avantage pour Jacques, celui d'apprendre les ficelles de la réalisation grâce au plus grand maître qu'on puisse imaginer. Ce ne sera pas inutile. Juste après le tournage de *L'Aventure, c'est l'aventure* de Claude Lelouch, où il se liera d'une amitié durable avec Lino Ventura, Brel se lance dans la réalisation de *Frantz*, son premier film.

Cette rencontre entre deux paumés qui vont s'aimer passionnément est une histoire bizarre, au goût d'inachevé qui laisse sur sa faim. Jacques lui-même en est conscient. Et, de ce jour, il ne rêve plus qu'au tournage d'un autre film, plus abouti. En attendant, il joue dans *Le Bar de La Fourche* auprès d'Isabelle Huppert, puis il se jette à corps perdu dans la réalisation de *Far West*, un film-exorcisme du Far West qu'il n'a pas eu dans sa jeunesse, une manière de faire rêver les autres... Mais le propos est trop mince. Le film est un échec cuisant.

🔲 *Ci-dessous :* Homme de tous les talents, Brel dirigea plusieurs films qui remportèrent un succès mitigé.

50

BREL ENTRE CIEL ET TERRE

Poursuivi par la maladie, Jacques ne s'obstine pas. Puisque c'est ainsi, il va rejouer sous la direction d'Édouard Molinaro dans *L'Emmerdeur*, une fois encore aux côtés de Lino Ventura qu'il affectionne particulièrement, puis il s'envole à nouveau.
Son Far West à lui est dans le ciel.
Où va-t-il ?
On ne le sait pas trop. Toujours cette part de mystère qui l'entoure, comme lorsqu'il achètera un voilier de dix-huit mètres et partira à la découverte du monde. On le dit en train

de voguer en Méditerranée, puis du côté du Pacifique.

Quoi qu'il en soit, il fait de courtes réapparitions ici et là, comme en 1972 au Carnegie Hall pour recevoir le salut de l'Amérique où une comédie musicale créée par Mort Shuman, *Jacques Brel is alive and well in Paris*, fait un tabac depuis cinq ans. Il accepte même de chanter *Ne me quitte pas* dans le film qui est tiré de la comédie en question.

Mais le temps presse. Jacques retourne à ses grands espaces marins, à son silence intérieur. Pas question de sacrifier au tapage d'une société qui ne l'intéresse plus. Il veut encore découvrir des horizons d'archipels, d'îles de corail, jusqu'aux Marquises qu'il aborde durant l'année 1974. Cependant, personne ne sait vraiment où il est.

D'ailleurs, la presse commence à se faire l'écho d'une rumeur de plus en plus insistante : Brel a un cancer. En novembre, on annonce même son hospitalisation à Bruxelles pour une ablation du poumon. Ces proches démentent, mais c'est insuffisant. Désormais, on sait le chanteur malade, et ses admirateurs, discrets mais inquiets, continuent de guetter les moindres nouvelles de leur idole. Il est difficile d'en avoir. Brel a décidé de rompre complètement avec le monde factice et de se réfugier dans le silence. On le dit en train de faire le tour du monde, on raconte l'avoir vu dans une clinique de Genève en train de se faire opérer. En fait, il est à Tahiti, dont il se sauve tant il est horrifié par le côté petit-bourgeois de ceux qui habitent l'île, puis il réembarque avec Madly, la femme qu'il aime et qui l'aimera jusqu'à la fin.

Là-bas, au creux des lagons bleus, et au milieu des Polynésiens, Brel démarre une nouvelle existence. Aux côtés de cette femme qui illumine sa vie, il court sur les plages, joue avec les enfants, découvre l'île et ses habitants. Puis, le soir, il se repose dans sa maison toute simple, plantée au milieu d'une végétation luxuriante. Avec Madly auprès de lui, il écoute de la musique et lit, ou bien accueille tous ceux de l'île qui le veulent. Là, il leur prépare de cette cuisine dont il a le secret et leur conte le nouveau bonheur qui est le sien. Mais la maladie, sournoise, ne lâche pas sa proie. Jour après jour, elle gagne du terrain, obligeant Jacques à faire de nombreux allers et retours entre l'île et la France.

Encore une fois, face au temps qui fuit à toute allure, Brel en revient à l'avion. Il achète un petit Beechcraft, un bimoteur américain, puis il assure la liaison hebdomadaire entre l'île d'Hiva-Oa où il habite et celle d'Ua-Pou, permettant ainsi aux habitants de ces îles de sortir de leur isolement. Madly, toujours présente, l'accompagne et l'aide dans sa mission quasi humanitaire. Non seulement il fait venir à ses frais des médicaments, un dentiste, mais il installe aussi un cinéma dans l'île.

Bref, il est heureux, malgré cette

◨ *Ci-dessous :*
Avec Marcel Carné, Roland Lesaffre, lors du tournage des *Assassins de l'ordre* en janvier 1971. Un film qui révéla son immense talent d'acteur.

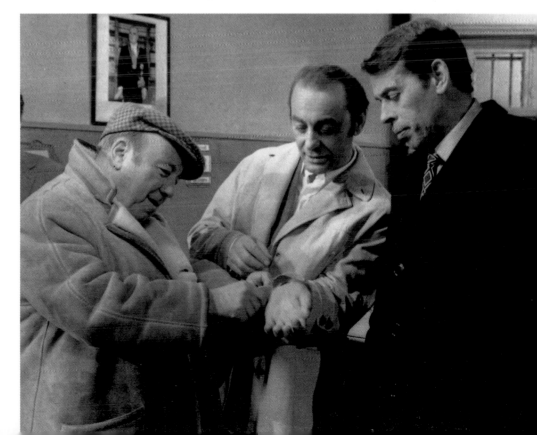

© *Ci-dessus :*
Octobre 1968 :
Jacques Brel avec
Dario Moreno
et les acteurs
de *L'Homme
de la Mancha.*

© *Ci-contre :*
Madly, soutenue
par Barbara, lors
de la levée du
corps de Jacques
Brel à l'hôpital
Franco-
Musulman de
Bobigny, le
12 octobre 1978.

vilaine toux qui le tient de plus en plus depuis des mois. Ainsi va la vie de Brel avec des projets plein la tête, comme celui de se construire une nouvelle maison sur l'archipel et de développer une compagnie d'avions-taxis pour que les habitants de l'île puissent au moins aller à l'hôpital, si nécessaire...

LE DERNIER DISQUE...

Soudain, en septembre 1977, Brel débarque à Paris. Personne ne s'y attendait. Les rumeurs vont bon train. On imagine que le cancer est en train de gagner la partie, et qu'il va se faire hospitaliser. Eh bien non ! Souffrant atrocement, le plus souvent appuyé sur sa canne, Brel a décidé d'enregistrer un dernier disque pour son public, pour son ami Barclay, pour lui-même. Les séances d'enregistrement sont difficiles, douloureuses pour Brel et les musiciens qui l'entourent de leur affection. Chaque fois qu'il faut recommencer une prise il s'excuse : « Je n'ai plus qu'un soufflet », dit-il. Mais le gagneur qui sommeille toujours en lui se réveille et, en trois semaines, il enregistre dix-huit chansons, dont il n'en conservera que douze.
Puis se met en place une opération de prévente fantastique, jamais vue dans l'histoire du disque. Résultat : près d'un milliard de droits d'auteur pour Brel, dont 90 % iront à la recherche sur le cancer et 10 % à sa famille... Tandis que le public pleure déjà en écoutant ces complaintes à la fois mélancoliques et révoltées, *Chevalier à la triste figure*, *Voir un ami pleurer* ou *Jaurès*, Brel s'envole à nouveau vers les Marquises.
L'année 1978 s'ouvre pour lui sur de nouvelles perspectives, dont la

construction de sa maison. Mais cette fois-ci le dernier round est engagé. Il maigrit terriblement vite, n'arrive plus à reprendre le dessus. Alors Madly intervient et le conjure de retourner à Paris se faire soigner. Brel accepte. Il sait que c'est le voyage de la dernière chance, alors qu'il débarque le 28 juillet à Roissy.

Affaibli, il se réfugie dans un grand hôtel parisien et n'en sort que pour de rares balades dans les jardins. Mais chaque jour il s'en échappe aussi par des sorties dérobées, pour se rendre à l'hôpital Franco-Musulman rencontrer le professeur Israël, l'éminent spécialiste du cancer des poumons. Le traitement aux rayons X et au cobalt crée une accalmie. Brel semble aller mieux et refait des projets.

Toutefois, après un bref voyage en Suisse, son état devient tel qu'on le persuade de se faire admettre dans le service du professeur Israël. Cette fois-ci, c'est le début de la fin et, le 9 octobre, la nouvelle tombe, avec la sécheresse des communiqués : Jacques Brel est décédé ce matin à 4 heures 30 des suites d'une embolie pulmonaire.

Quelques jours plus tard, on apprendra de la bouche même du praticien que Brel est demeuré conscient jusqu'au bout et qu'il s'est battu avec un courage exceptionnel. Pour l'heure, sa famille est là pour l'accompagner une dernière fois. La France est en deuil et, au-delà, tous ceux qui ont aimé sa voix, son humanité et sa révolte. Autour de sa dépouille, Miche et ses trois filles, Madly bien sûr, et quelques amis fidèles, Barbara, Juliette Gréco, Barclay, Marouani, Mort Shuman... Puis, avec à son bord le cercueil, un avion s'envole vers les Marquises, ces îles perdues entre mer et soleil. Selon ses souhaits, le grand Jacques y est enterré à côté de Gauguin.

DALIDA

Occupant grâce à son immense talent les premières places
des hit-parades depuis le début de sa carrière, elle a
longtemps donné l'image d'une femme comblée.
En fait, face à la détresse de la solitude, ses chansons
furent un hymne à l'amour impossible.

EN cette fin du XIXᵉ siècle, la vie
est dure en Italie, comme dans la
plupart des pays européens. On ne
rêve alors que d'exil vers de nouveaux
eldorados. Pour certains ce sera
l'Amérique, pour d'autres, comme
Giuseppe, l'Orient mythique.
L'homme, un Calabrais, s'embarque
pour Le Caire, vers sa nouvelle vie.
C'est là, alors qu'il exerce le métier de
tailleur, qu'il rencontre Rosa, italienne
comme lui, belle chanteuse fantasque.
Ensemble ils auront un fils, Pietro.
À quelques rues de là, une *pais*, Eléna,
trop tôt enceinte et abandonnée par
l'homme de sa vie. À force de
courage, de travail, d'obstination,
elle est devenue la conseillère avisée
de Nahas Pacha – une importante
personnalité susceptible de faire
ou défaire l'histoire des princes
égyptiens – tout en élevant seule
sa fille, Giuseppina, dans le respect
de Dieu.
Deux familles aux mêmes origines
italiennes, un garçon à marier dans
l'une, une fille à épouser dans l'autre,
il n'en fallait pas plus pour arranger
leur union.
Grâce au soutien financier des deux

familles, assez aisées, Pietro le
violoniste, et Giuseppina, la future
maman, s'installent aussitôt à
Choubra, chez eux, ce qui est
exceptionnel à cette époque. De leur
amour naîtront trois enfants : Orlando
l'aîné, Bruno, le cadet, et entre eux
deux, le 17 janvier 1933, Yolanda,
la future Dalida.
En cette année de tous les dangers où
résonnent déjà de sinistres bruits de
bottes en Europe, tout paraît calme et
hors d'atteinte en Égypte. Il faut juste
faire face à l'étrange infection des
yeux qui, à l'âge de dix mois, oblige
la petite fille à porter un bandeau
aveuglant pendant plusieurs semaines.
Bandeau qu'elle refuse de toutes ses
forces, bandeau qui lui communiquera
la peur de la nuit jusqu'à la fin
de sa vie.
Pour Yolanda, le calvaire commence.
Celui de grandir avec des yeux qui
voient mal, des maux de tête affreux,
et surtout des lunettes énormes qui lui
mangent le visage. Période d'autant
plus douloureuse que chez les sœurs
de l'école Marie-Auxiliatrice, les
copines n'ont pas le cœur tendre et
l'assaillent de quolibets comme celui

Page de droite :
Belle, obstinée,
talentueuse,
Dalida fut et
demeure l'une
des chanteuses
les plus
populaires.

de « la petite quat'z'yeux »...
Mais Yolanda s'en fiche.

Au fil des années qui passent, elle apprend l'arabe, écoute le muezzin, et prie sainte Thérèse avant de jouer avec ses frères comme un vrai garçon manqué. Elle se fait au contact de toutes les cultures, de tous les soleils.

Survient alors l'incroyable. L'hydre allemande, qu'on ne croyait affamée que de conquêtes européennes, étend ses tentacules guerriers jusqu'en Égypte avec son cortège de souffrances et d'injustices. Pietro, le père adulé, est interné dans un camp, et Giuseppina doit travailler pour assurer la survie de la famille.

Ce sont pour Yolanda quatre années de douleur, de colère et d'incompréhension. Elle ne supporte pas de voir sa mère courbée sur sa machine à coudre jusque tard dans la nuit. Et pourtant elle espère, elle entretient secrètement des rêves un peu fous en regardant les films américains qui inondent alors le Moyen-Orient. Un jour, peut-être, son prince à elle viendra l'enlever et l'emmènera très loin...

Quand les canons se taisent enfin, Pietro revient, mais il n'est plus le même. L'homme épanoui est devenu l'ombre de lui-même, colérique et rongé de remords. C'est de la faute à tout le monde mais c'est surtout la sienne si sa famille ploie désormais sous le faix de la misère, si ses enfants ne sont pas heureux. Et effectivement, Yolanda, qui ne comprend pas encore très bien le drame de son père, lui en veut, le hait même. La mort du pauvre homme, deux années plus tard, n'y pourra rien. Il restera encore pour longtemps l'archétype de l'homme qui abandonne.

Choubra, écrasée par le soleil, devient bientôt trop étroite pour les rêves de Yolanda. Devenue adolescente, elle est plus belle que jamais. Soucieuse de plaire, elle a d'ailleurs jeté ses vilaines lunettes. Désormais, elle est devenue une jeune fille sur laquelle les hommes se retournent. Elle se jette alors dans ces flirts inoffensifs de l'adolescence qui vous transforment en adulte. Amoureuse, Yolanda l'est d'un garçon, puis d'un autre ; le cœur léger, elle chante, elle chante, joue des petits rôles dans des mélodrames à l'école des sœurs, en attendant d'obtenir son diplôme de secrétaire.

C'est le temps des rêves les plus fous qu'elle partage avec Miranda, sa meilleure amie. C'est aussi le temps des provocations, comme celle de se présenter à un concours de beauté à l'insu de sa famille, un jour d'été 1951. Comble de chance, les deux amies arrivent en deuxième position. Comble de malchance, elles sont photographiées sous toutes les coutures. Le lendemain, c'est le scandale quand Giuseppina découvre le cliché dans le journal du matin. Et Yolanda, malgré ses pleurs et ses cris, doit accepter de couper sa magnifique chevelure.

Un jour enfin, l'école est finie pour Yolanda. Toujours belle à en couper le souffle, la voici devenue secrétaire dans une maison d'import-export où elle s'ennuie ferme. Alors, pour oublier, elle écoute la radio, chante toujours plus, de mieux en mieux, et tombe follement amoureuse d'Armando, un Italien qui préférera la fuite à la passion. Qu'importe ! Yolanda ne s'effondre pas, elle est décidée à se faire remarquer, grâce à son corps, magnifique, mais aussi grâce à la pureté de sa voix incomparable. Elle se fait alors engager chez Donna, une grande maison de couture du Caire, et apprend le métier de mannequin. Puis elle se fait à nouveau soigner les yeux, par l'un des professeurs les plus réputés de la capitale, avant de concourir pour le titre de Miss Égypte qu'elle remporte haut la main.

Ce n'est pas encore la gloire, mais c'en est déjà la préfiguration. Sa grâce féline fait des ravages. Elle obtient un rôle dans un film de Niazi Mostafa, *Un verre, une cigarette*, se trouve un nouveau nom, Dalila, tient un autre rôle dans un film de De Gastyne, *Le Masque de Toutankhamon*, et enfin est choisie pour être la doublure de Rita Hayworth dans le film *La Terre des pharaons*.

Beaux débuts, qui lui ouvrent la route de Paris sur les conseils de De Gastyne. Quand elle prend l'avion en ce jour de Noël 1954, elle sait qu'elle part à la conquête d'elle-même et qu'elle réussira. C'est d'ailleurs la promesse qu'elle fait à Giuseppina, sa mère, avant d'embarquer : « Bientôt tu viendras me rejoindre à Paris où tu vivras comme une reine ! »

LE TRIOMPHE DU TALENT ET DE L'AMOUR

Cependant, bien vite, Dalila s'aperçoit que les promesses faites au Caire sont autant de paroles prononcées dans le désert. Pas plus de Gastyne que d'autres ne font attention à Miss Égypte. Elle devra se débrouiller seule, perdue dans une chambre de bonne.

Un souvenir lumineux demeurera de ces années. Rue Mermoz, un autre

jeune en quête de célébrité vit en face de chez elle, dans une chambre au moins aussi petite que la sienne : Alain Delon, avec lequel se nouera une amitié indéfectible.

Mais pour l'heure, il faut trouver du travail, de quoi se nourrir. Sur les conseils de De Gastyne, l'un des rares qui lui fut profitable, elle rencontre Roland Berger, un professeur de chant qui tombe tout de suite sous le charme de sa voix rauque et lui décroche un contrat à la Villa d'Este. Ce n'est pas encore Byzance, mais c'est déjà quelque chose. En particulier, ce contact avec le public, si proche dans l'obscurité, et qu'elle se met à aimer plus que tout.

Peu de temps après, elle se produit au Drap d'Or, un club des Champs-Élysées et, sur les conseils d'un auteur en vogue, change son nom Dalila en Dalida.

Cette fois-ci, la mue de Yolanda est complètement opérée. Elle peut désormais s'imposer. Ce n'est qu'une question de courage et d'un peu de chance.

Justement, en ce début d'année 1956, de la chance, elle en a. Bruno Coquatrix cherche de nouveaux talents et vient la voir chanter. Séduit, il l'invite à se produire à l'émission « Les numéros un de demain » où elle rencontre Eddie Barclay, le champion du microsillon, et enfin Lucien Morisse, futur directeur artistique de la station Europe 1. Le tiercé gagnant. Commence alors la course folle vers le succès. Tandis que Nicole Barclay s'occupe d'en faire une Parisienne, Lucien la présente à tout ce qui compte à Paris. Et puis arrive le premier disque, avec *Madonna* et *Mon cœur va*, puis le deuxième avec *Le Torrent*. Même là-bas, au Caire, sa mère peut l'entendre.

Elle a envoyé les deux microsillons à son frère Bruno qui les fait passer à la radio du Caire. Évidemment, Dalida prend de l'assurance et, dans la foulée, l'amour s'impose. Lucien Morisse n'est plus seulement celui qui donne les bons conseils, il est aussi celui qu'elle attend, qu'elle espère. Pourtant elle ne précipite rien et continue de travailler. En particulier sur le titre *Bambino*, qui, dès sa diffusion sur les ondes radio, devient un succès immédiat, fantastique ! Dalida obtient un disque d'or, Dalida a son fan-club, Dalida est devenue une star !

Amoureuse de Lucien, elle se sent pousser des ailes et se prépare à affronter le public à l'Olympia, le passage obligé de toutes celles et ceux qui veulent s'imposer dans la chanson à cette époque. Si elle claque la porte au nez de Guétary qui veut interpréter *Bambino*, *sa* chanson, elle fait successivement la première partie d'Aznavour et de Bécaud. L'accueil qu'elle reçoit la réconforte. Elle est populaire aussi bien chez les jeunes qu'auprès de leurs parents.

L'année 1958 débute alors avec *Gondolier*, un nouveau succès, tout aussi énorme que *Bambino*. En outre, le mythe Dalida commence à s'imposer auprès des jeunes femmes qui se mettent à copier ses airs de sauvageonne affranchie.

Ci-contre : Quand Dalida chantait, comme ici à l'Olympia en 1959, elle y mettait toute sa foi et sa passion.

59

Page de gauche, en haut : Dalida, assaillie par ses fans, se réfugie dans la voiture de Bruno Coquatrix, à la sortie de l'Olympia.

Page de gauche, en bas : Septembre 1957. Dalida et Bruno Coquatrix. Conquis par le talent de la chanteuse, il la soutiendra dès ses débuts et tout au long de sa carrière.

Connue bien au-delà de l'Hexagone, en particulier grâce à *Le jour où la pluie viendra*, chantée en allemand et qui fait un tabac, elle décide de réaliser son vieux rêve, faire du cinéma, et on la voit flamboyante dans *Brigade des mœurs* de Fernand Sardou avec Eddy Barclay. Cette fois, plus rien ne peut arrêter la gitane rebelle. En octobre, Dalida passe en vedette à Bobino avec deux chansons qui font un malheur, *Come Prima* et *Les Gitans*, et l'année suivante s'ouvre sous les meilleurs auspices. Avec Yves Montand, elle reçoit les « Bravos du music hall », puis enchaîne les galas en France et à l'étranger. Elle passe avec succès l'épreuve italienne, et y gagne le surnom de « la Magnani de la chanson ». Enfin, avec Lucien, elle s'installe à Passy dans un coquet appartement, savourant son succès aussi bien dans sa vie publique que privée.

Les récompenses pleuvent. Avec plus d'un million de disques vendus, tous les pays européens s'intéressent à elle, et même l'Amérique qui lui fait un pont d'or qu'elle refuse. Elle préfère retourner en Égypte, là où sont ses racines, et chanter devant celles et ceux qui l'aiment et l'ont vue grandir. Séjour mitigé au cours duquel elle retrouve toute sa famille, mais aussi, première faille, le cœur serré, elle s'aperçoit que son succès l'éloigne de ceux qui lui sont chers.

Cependant, le tourbillon la reprend. Un jour à Athènes, un autre au Liban et bien sûr à Paris où elle aménage l'appartement qu'elle partage avec Lucien. L'homme de sa vie, celui qui lui a tout appris, celui par lequel elle est devenue la diva affolante qu'harcèlent tous les paparazzi. Mais justement cela ne facilite pas leur union. On guette le moindre de leurs faux-pas. S'affiche-t-elle dans un dîner avec tel ou tel homme que la presse décrète aussitôt la mort du couple...

L'année 1960 passe à une allure vertigineuse. Dalida traverse le temps avec deux succès, *T'aimer follement* et *Les Enfants du Pirée*. Elle vend de plus en plus de disques, et pourtant la tristesse affleure à ses lèvres, assombrit son sourire. Elle craint pour ses yeux, se sent de plus en plus mal à l'aise dans sa peau de star. Alors elle dépense de l'argent, particulièrement sur le tapis vert des casinos où elle chante si souvent. Et elle essaie de trouver quelques plages de repos dans ce maelström, en particulier dans les bras de Lucien Morisse qu'elle dit aimer de plus en plus.

Mais peut-on s'aimer facilement quand l'un et l'autre des amants, pris par le tourbillon des succès, volent du temps au temps pour tenter d'être ensemble ?

Curieusement, ils croient que le mariage va tout arranger et le 8 avril, disent oui à monsieur le maire. Immense fête de la réussite accentuée encore par la sortie du film *Parlez-moi d'amour* de Georges Simonelli, où Dalida, de Rome à Capri, tient le premier rôle auprès de Raymond Bussières. Mais les ors du mariage cèdent vite la place aux ternes journées du quotidien.

Lucien apparaît très vite beaucoup trop sérieux pour celle qui veut s'enivrer dans cette fièvre des années 60. Surtout qu'au Festival de Cannes elle a rencontré Jean Sobiesky, qu'on dit issu d'une riche famille aristocratique et qui lui fait les yeux doux. Dans les premières semaines, elle résiste, puis la passion l'emporte. Dalida s'en va avec lui... Ils voyagent un peu partout, en Camargue d'abord, où Jean possède un grand domaine, puis toujours plus loin, jusqu'à Saïgon pour vivre cette passion qui dévore, qui brûle tout sur son passage mais qui lui fait tellement de bien. La voici redevenue la princesse du désert partie avec son prince des mille et une nuits. La femme volcanique qui dormait en elle s'est réveillée. Et l'inévitable procédure de divorce s'entame en ce triste mois de novembre 1961.

En même temps, la tempête se déchaîne. Beaucoup sont ceux, dans le public et chez les professionnels de la chanson, qui lui reprochent ce caprice. D'ailleurs, on la pressent perdue, on la souhaite emportée par la vague yé-yé qui déferle sur la France avec Richard Anthony, Johnny Halliday et bien d'autres. Mais c'est mal la connaître. Elle se battra de toutes ses griffes, imposera son talent à tous, et ce sera à l'Olympia en décembre 1961 avec justement Richard Anthony en première partie. Dans la salle, les pro et les anti s'affrontent, les seconds étant plus nombreux que les premiers. Ce qu'on souhaite c'est l'hallali. Mais quand résonnent les premières mesures, les premières envolées et ces paroles si justes : « Je me sens vivre parce que je t'aime... Parce que je t'aime et suis aimée de toi... » le public se lève et l'ovationne. Elle a gagné.

Au fond de son cœur, pourtant, la blessure d'amour s'est réouverte, en particulier à cause de son divorce d'avec Lucien, et du remariage de ce dernier avec une autre femme. Jean Sobiesky a beau être là, présent, amoureux, il ne peut combler ce vide affreux qui s'est emparé de l'âme de Dalida et qui la dévorera jusqu'à la fin.

C'est l'époque où elle quitte Passy pour s'installer rue d'Orchampt, à deux pas de la Butte Montmartre dans un hôtel particulier où elle accueille Jean, ses palettes et ses pinceaux. C'est aussi le temps où Rosy, la petite cousine du Caire, devient sa secrétaire particulière, protectrice et efficace.

Pour l'heure, la célébrité de Dalida souffre tout de même de la vague yé-yé. Certes, elle chante, mais ce n'est plus l'engouement des débuts. Alors elle fait le dos rond et attend avec des chansons aux accents toujours méditerranéens : *Ciao, Ciao, Bambina, Nuits d'Espagne...*

C'est l'heure aussi de se séparer de Jean, qui vient de gagner ses premiers galons d'artiste et qui ne lui offre plus l'anonymat amoureux qui lui faisait du bien. Elle tourne *L'Inconnue de Hong-Kong*, de Jacques Poitrenaud, dans la ville du même nom, avec Philippe Nicaud et Serge Gainsbourg. Période fade où elle attend à nouveau l'amour qui se présente sous les traits de Christian de la Mazières, un homme qui a souffert pendant la guerre et qui vient de quitter Juliette Gréco. Tous les deux, meurtris par l'amour impossible, entament une histoire équilibrée. Christian n'est pas comme les autres. Il la considère comme son égale, lui ouvre les chemins de la connaissance, l'assagit.

Quand l'année 1964 commence, les yé-yé lassent. Le public revient aux valeurs sûres et l'on redécouvre Dalida capable de chanter Piaf ou l'amour avec *Amore Scusami*. D'ailleurs un sondage de l'époque le confirme : Dalida est la chanteuse préférée des Français. C'est qu'elle s'est assagie, Dalida. Sa chevelure noire et ses maquillages provocants ont disparu. La voici devenue blonde en ce 13 août 1964 alors qu'elle se présente devant le public de Draguignan. On la dit heureuse. En tout cas, elle fait comme si, et continue d'accumuler les succès.

Un Olympia où elle fête son dix millionième disque vendu devant un parterre de stars, une tournée qui rassemble un public en folie et enfin un film avec Ugo Tognazzi, *Mariage à l'italienne*.

Cependant la star n'est pas aussi heureuse qu'on le dit. L'amour avec Christian s'est transformé en amitié, et la solitude est redevenue sa compagne. Alors elle travaille beaucoup, et bien. Les triomphes s'enchaînent... *Zorba le Grec, Il Silenzio, Petit Homme*. On lui prête une vague amourette avec El Cordobès. Elle déclenche un scandale au Maroc en chantant *Hava Naguila*, une chanson juive... Mais au fond la princesse du désert souffre. Et comme si cela n'était pas assez, ou peut-être pour se punir, elle s'impose un régime strict qui lui fait perdre sept kilos.

◻ *Page de gauche, en haut :*
En octobre 1968, Guy Lux réunit les deux « enfants d'Égypte », Dalida et Claude François, dans son émission « Si ça vous chante ».

◻ *Page de gauche, en bas :*
Dalida et Sacha Distel remettent l'oscar des Oscars du football à André Lerond le 8 juin 1962.

◻ *Au centre :*
Avec Christian de la Mazière.

◻ *Ci-contre :*
Répétition sur la scène de l'Olympia pour sa rentrée parisienne le 3 septembre 1964.

UNE RECHERCHE FORCENÉE DU BONHEUR

En cette fin d'année 1966, deux producteurs viennent voir Dalida à Paris. Il s'agit de convaincre la chanteuse de vouloir parrainer *Ciao amore, ciao*, la chanson d'un jeune compositeur italien, Luigi Tenco, en l'interprétant au Festival de San Remo. Dalida accepte, certes pour la chanson, mais plus sûrement parce qu'elle tombe amoureuse de Luigi. À sa manière toujours brûlante, dévorante, impérieuse. Passion partagée mais qui, comme d'habitude, ne peut se vivre qu'à l'ombre des regards. Les instants d'intimité sont volés au temps, mais ils sont pleins de promesses pour l'avenir.
Luigi et elle se ressemblent. Tous les deux ont souffert, tous les deux se révoltent contre l'inanité du sort. Arrive le 5 janvier 1967 et le concours de la chanson du Festival de San Remo. Si Luigi Tenco ne remporte pas de succès, en revanche Dalida fait un triomphe. Le coup est dur pour le jeune homme. Rempli d'amertume, il se suicide le soir même dans sa chambre d'hôtel. Pour Dalida, amoureuse, la blessure est insupportable, c'est le désespoir et le silence. Même le deuil de son amour lui est interdit ! Alors elle rentre à Paris, descend à l'hôtel Prince-de-Galles, où descendait Luigi, et s'enferme dans sa chambre. Et là, face à elle-même, face à cette terrible solitude qui la dévore, elle avale des barbituriques...
Durant cinq jours, la France demeure suspendue aux communiqués de l'hôpital. Enfin, elle s'en sort, enfin elle ressuscite et son public inquiet lui refait aussitôt la fête pour ses nouveaux titres dont *Les Grilles de ma maison*, *Ciao amore, ciao*, ou encore

Loin dans le temps, une autre composition de Luigi. L'année finit en fanfare à l'Olympia avec Polnareff en première partie et un beau Noël en famille où tous ceux qu'elle aime l'entourent de leur affection.
Dalida semble définitivement sortie du trou noir. D'ailleurs elle le répète haut et fort : « C'est fini ! Jamais plus je ne tenterai de me supprimer ». Doucement, elle se remet sur pied et reprend le chemin des studios. Une brève mais lumineuse histoire d'amour avec Lucio, un autre Italien lui-même admirateur de Luigi, viendra clore ce tragique chapitre. L'année 1968 s'annonce comme celle des succès, avec *Si j'avais des millions*, des

 À droite : Enthousiaste et chaleureuse, Dalida eut toujours la faveur du public.

honneurs aussi en recevant des mains de Charles de Gaulle la médaille du Président de la République. C'est enfin l'année des ovations dans les Dom-Tom, en Italie ou en France, avec la chanson du film *Le Clan des Siciliens*.

Cette année de révolution en est une aussi, à sa manière, pour Dalida. Non seulement elle crée sa propre maison de disques, fait un tabac avec son premier titre *Darla diladada*, mais surtout, tranquillement, elle cherche la voie du bonheur. Elle la trouve avec Arnaud Desjardins, un maître en spiritualité, auteur des *Chemins de la sagesse*. Avec lui, elle découvre non

seulement l'apaisement de l'âme, mais aussi la joie du corps réconcilié avec l'esprit.

Cependant le rêve est, une fois encore, de courte durée. Dalida doit continuer de chanter et Arnaud poursuivre sa rude marche vers l'absolu. La maladie profonde de Dalida n'est pas guérie, cette maladie qu'elle-même appelle amour.

En effet, la fin de l'année 1970 approche avec un autre malheur : le 11 septembre, un appel téléphonique de Maurice Siegel la réveille à six heures du matin. Lucien Morisse vient de se suicider. Pour Dalida, à cet instant, tout un pan de sa vie

s'effondre. Malgré leur séparation, leur éloignement, leur incompréhension, Lucien est resté l'homme qu'elle a épousé et aimé, l'homme à qui elle doit tout.
Les mois qui suivent sont tristes à mourir, et ce ne sont pas ses succès comme *Ils ont changé ma chanson, Diable de temps*, qui peuvent y changer quelque chose. La mélancolie s'est installée en elle. Définitivement. Surtout après la mort brutale de sa mère Giuseppina, la mamma adorée, celle des attentions et des sourires, de la tendresse et des bons conseils. Décidément, tous ceux qu'elle aime s'en vont !

Alors elle chante *Avec le temps*, de Léo Ferré. C'est l'époque d'un autre changement, profond et définitif. *Mademoiselle Bambino*, comme l'appellent encore parfois les méchantes plumes, quitte les strass de ses débuts et ne veut plus chanter que des textes, des vrais, écrits dans le levain de la vie, et non plus de ces ritournelles si faciles. Et pour prouver qu'elle en est capable, elle veut refaire un Olympia.

Curieux pied de nez du destin, c'est Bruno Coquatrix lui-même qui le lui refuse. Alors, la grande dame de la chanson loue la salle sur ses propres deniers – 10 000 F par jour – et, devant un parterre de stars, chante, chante encore et toujours jusqu'à s'effondrer...

Elle n'entendra pas le tonnerre d'applaudissements, elle n'y croira pas quand on le lui dira, et pourtant la vérité est là, belle et juste. Dalida s'est imposée comme la chanteuse la plus populaire de sa génération.
Après une amourette avec Richard Stivell, un grand baryton américain, elle se consacre de plus en plus à elle-même.

À LA DIFFICILE
REDÉCOUVERTE DE L'AMOUR

Passent les mois et les succès. Dalida est toujours au sommet du hit-parade avec *Mamina* et *Le Parrain*. C'est l'époque aussi où elle découvre François Mitterrand avec lequel se tisseront des liens d'amitié très puissants, et rencontre Richard Chanfrey, qui se fait appeler comte de Saint-Germain. « Il a trente-trois ans, il est beau, il est gentil, il a beaucoup souffert, il est incollable en histoire. »

Voilà comment le décrit Dalida, qui tombe follement amoureuse de lui. Peu importe que le bonhomme soit un affabulateur né, elle l'aime et le défend face à son entourage qui fait la fine bouche. Elle y consacrera toute sa fougue et neuf ans de son existence. Tandis qu'elle passe des jours heureux au bras de son beau chevalier servant, elle continue de travailler et d'enchaîner succès sur succès. De *Paroles, Paroles*, enregistré avec Alain Delon, l'ami des débuts, en passant par *Je suis malade*, *Gigi l'amoroso*, ou *Il venait d'avoir 18 ans*, pas un titre qui ne se retrouve en tête des hits, en France ou à l'étranger.
À la fin de l'année 1974, elle obtient l'oscar mondial du succès du disque pour la France, un disque d'or en Allemagne, un disque en platine au Bénélux, un Gigi d'or en Espagne.

S'ouvre alors une période de félicité pour la star. Heureuse d'aimer et de l'être en retour, elle se libère et explose sur la scène, toujours plus sensuelle, plus provocante et talentueuse. Bien qu'elle ait quarante ans, elle est encore une référence féminine, nullement atteinte par le prestige d'autres femmes, plus belles et plus jeunes.
Plus que jamais amoureuse, elle enregistre une chanson avec Richard, *Et de l'amour... de l'amour*, et se réfugie dans une vie plus intime, mieux ordonnée, plus heureuse sans doute. Elle sort de moins en moins, goûtant

67

les soirées tranquilles avec les quelques rares amis qui bénéficient de sa confiance.

Toujours boulimique de travail et de succès, elle triomphe dans une grande tournée d'été, pour finir au Québec où elle est plus populaire qu'Elvis Presley.

Mais rien n'est jamais acquis pour une telle star. Sevrée d'applaudissements et d'articles louangeurs, elle sait le succès éphémère, aussi doit-elle sans cesse se renouveler. Alors elle cherche une chanson qui fera date, comme beaucoup de celles qui l'ont précédée. Et elle la trouve en se souvenant de ces heures lointaines à Choubra quand elle écoutait la radio. Le titre qui lui revient en mémoire est *J'attendrai*, un succès des années 30 qu'elle chante sur un rythme disco. Le succès est phénoménal. La presse lui réserve un accueil délirant. Du coup Dalida décide de prolonger le succès l'année suivante avec *Coup de chapeau au passé*, une compilation des grands succès des années 30.

Tout irait bien si, ce 18 juin 1976, rentrant d'une soirée avec Richard, celui-ci n'allait tirer un coup de feu sur le pauvre amant de Maria, leur femme de ménage. Accident stupide qui met une fois de plus Dalida en porte à faux avec les médias ou les médisants, et qui, surtout, porte un mauvais coup à son amour pour Richard.

Mais ce n'est encore que le temps des interrogations, pas de la rupture. Pour l'instant, Dalida est accaparée par un autre projet : le film que Michel Dumoulin lui a proposé de tourner sur sa vie. Pour cela, elle retourne en Égypte, retrouve le collège où elle fut élève et ses camarades de classe. Elle éclate en sanglots en entrant à nouveau dans cette maison qui l'a vue grandir, et revient en France le cœur gros, chargé de mélancolie. Le film est bien accueilli à sa sortie, accompagné, d'autres chansons comme *Femme est la nuit*, ou *Salma ya Salama*, qui passeront sur les ondes israéliennes pour accueillir Anouar al-Sadate. Enfin, elle fait de nouveau un tabac à l'Olympia.

Mais au fond d'elle-même, le bonheur n'est toujours pas au rendez-vous. Richard, qui a échappé de peu à la prison, ne comble plus tous ses désirs. Et chanter ne la satisfait plus complètement. Elle est toujours en recherche de cet ailleurs qui la hante, là où le bonheur est un absolu.

L'année 1978 s'ouvre sur un grand concert à Prague, et surtout sur l'enregistrement de *Génération 78*, où elle reprend tous ses succès sur un rythme nouveau. Elle y chante avec Bruno Guillain, un jeune comédien remarqué dans *Hôtel de la plage*, qu'une certaine presse donne pour son fils caché. Indifférente, elle rétorque que c'est son fils spirituel, puis elle s'envole pour les États-Unis où, pour la première fois, elle doit se produire au Carnegie Hall. Elle est morte de trac. Elle sait que là-bas on ne fait pas de cadeaux. Mais tout s'annonce pour le mieux. Les spectateurs se sont arraché les places au marché noir. Et, effectivement, au terme de deux heures de chansons, en six langues, c'est la standing ovation. Les 2 500 personnes présentes se mettent à danser... Le lendemain l'*Evening Times* titre : « *Dalida, first star on Broadway...* ». Après ce succès, les producteurs américains veulent l'avoir là-bas, en exclusivité. Mais pour Dalida, son port d'attache, sa famille, son équilibre, c'est la France.

◎ *Ci-dessus :* Dalida fête ses 20 ans de Music Hall chez Maxim's, le 6 janvier 1977.

◎ *Page de droite :* Un nouveau look ravageur pour son spectacle *Show Dalida* au Palais des Sports le 31 décembre 1979.

Pas question de quitter son pays. Encouragée par son succès à Broadway, elle imagine avec son frère une nouvelle chanson. Ce sera *Monday, Tuesday* qu'elle chante entourée de plusieurs danseurs masculins, incarnant ainsi la femme de tous les hommes.

Puis les mois passent, entre émissions de télévision et interviews, quand soudain l'une des plus grandes productrices américaines, Jacky Lombard, souhaite produire Dalida au Palais des Sports. Pour la star, c'est encore un défi. Aucune femme n'a rempli cette salle. Pourtant elle accepte avec enthousiasme.

Une fois de plus elle a raison. Les dix-huit représentations font salle comble, la presse est louangeuse, de nouvelles chansons s'ajoutent à son répertoire *Il faut danser reggae, Gigi in paradisco, Comme disait Mistinguett.* Pour cette femme de quarante-sept ans, au firmament de la gloire, tout paraît possible, et pourtant...

L'année 1980 s'entame sur des jours de souffrance. Fatiguée, déprimée, Dalida consulte les médecins. Ceux-ci découvrent un fibrome qui doit être opéré.

Si l'opération est bénigne, les conséquences ne le sont pas. Cette fois-ci, c'est sûr, plus jamais Dalida ne pourra avoir d'enfants et ce rêve de maternité qu'elle entretenait depuis l'adolescence s'éloigne définitivement. La blessure est plus cruelle qu'il n'y paraît. À cette souffrance s'ajoute celle de devoir se séparer de Richard, devenu de plus en plus insupportable, jaloux et violent. Ce choix n'est pas facile. On ne quitte pas comme ça celui qu'on a adulé pendant près de dix ans... Et c'est à nouveau cette solitude qui lui fait tellement peur depuis l'enfance...

La voilà bientôt accaparée par la politique. La campagne pour l'élection présidentielle bat son plein. Mitterrand, l'ami de toujours, est en passe de l'emporter. Alors, elle qui a toujours fait attention de ne jamais s'engager, accepte de chanter à Lille lors de l'un des plus grands meetings du candidat. Et ce soir-là, tandis que le futur président l'étreint pour la remercier devant la foule en délire, on comprend soudain qu'elle a fait le choix de l'amitié. C'est ainsi que le 21 mai elle est au premier rang de ceux qui le suivent vers le Panthéon, et que la presse commence à l'affubler de sobriquets plus ou moins sympathiques tels que « la Panthère rose ».

Dalida la spontanée, qui ne calcule jamais l'amour qu'elle voue aux hommes, vient en fait de mettre le pied dans une logique qu'elle ignore, celle de la politique. En admirant Mitterrand, en le conviant à sa table, elle ne s'aperçoit pas tout de suite qu'elle se coupe d'une partie de son public et qu'elle ne sera pas épargnée. Elle le comprend soudain, quand, un matin, le jardin de sa maison de Montmartre est recouvert de tracts vengeurs et dénonciateurs. Alors, elle décide de s'en aller de France et d'entamer une tournée dans le monde entier pendant un an, loin de ce pays qui ne la comprend pas. Mais la presse ne désarme pas pour autant. Surtout quand il prend l'idée à la chanteuse d'interpréter la chanson de soutien à l'équipe de France pour le Mundial. À nouveau les journalistes éructent sur son compte et l'accusent, toutes opinions confondues, de vouloir remonter ainsi au box-office.

Heureusement, certains se montrent plus cléments, comme Maurice Siégel, le patron de *VSD*, qui lui offre ses colonnes pour s'expliquer. La réplique est virulente et forte : « Tous les ratés règlent leurs comptes sur ma tête ! [...] Je ne suis pas déçue par le socialisme, mais par ceux qui veulent être bien en cour et font du zèle... » Puis elle claque la porte à la France et à son public pendant une année. Son retour sera motivé par les milliers de lettres qu'elle reçoit et qui l'implorent de revenir, de reprendre la place qu'elle tient toujours dans le cœur des Français. Cependant, rien n'est plus comme avant. Dalida se sent seule dans son pays et seule dans sa vie privée. On commence même à discerner dans ses déclarations publiques un ton, une mélancolie nouvelle, presque inquiétante. Ne dit-elle pas dans la presse : « La vedette qui se suicide le jour de Noël parce qu'elle est seule, ça existe ! » Il faut dire que dans sa vie privée elle doit affronter d'autres échecs. En particulier avec Karim, l'amoureux d'une année. Mais c'est surtout le suicide de Richard, le 20 juillet 1983, qui l'atteint de plein fouet. Elle a beau résister, elle se sent coupable de l'avoir quitté. Et puis enfin ce cortège de morts, pourquoi ? Elle a aimé trois hommes, les trois se sont suicidés ! Son chagrin est profond, si profond qu'elle se réfugie dans un silence total, et comme toujours dans le travail. Elle enregistre alors *Smile*, la musique du film *Les Temps modernes* qui devient *Femme* et passe à la télé. C'est le succès, et pourtant quelque chose semble brisé à jamais dans sa vie. Dalida n'a plus le même enthousiasme. On la sent déprimée, beaucoup plus fragile, hésitante devant l'obstacle. Préparer l'opéra rock *Cléopâtre* lui semble même au-dessus de ses forces.

Cependant, elle réalise un super-show à la télévision avec Averty où elle doit changer 42 fois de costumes, rien de moins ! C'est un succès. La presse est unanime dans la louange. Et pourtant Dalida affirme que c'est son testament, sans que personne n'y prenne garde...

◎ *Page de gauche, en haut :*
Le 21 avril 1981, elle reçoit un disque de diamant pour ses 25 ans de chansons.

◎ *Page de gauche, en bas :*
En duo avec Mireille Mathieu, lors de l'émission « Numéro 1 » en janvier 1981.

◎ *Ci-contre :*
En 1984, la grande Dalida, plus belle que jamais lors de l'émission « Dalida idéale ».

DANS L'ENGRENAGE INFERNAL DU MALHEUR

À cette époque, Dalida n'est plus la même. Une souffrance lointaine, jamais vraiment éteinte, semble se réveiller. Et puis ses yeux, ses maudits yeux qui l'inquiètent depuis l'enfance, la font à nouveau souffrir. Alors elle se drogue de travail, enchaîne tournée sur tournée, va se reposer dans les îles, revient. Mais l'ennui, la souffrance d'être seule l'étreignent plus fortement que jamais. Quand elle fait le bilan de sa vie tourbillonnante, de ses nuits solitaires, tout lui paraît un immense ratage. Heureusement, son entourage proche, ses frères, Graziano le patron du restaurant italien proche de son domicile, Rosy sa secrétaire et bien d'autres la soutiennent. Mais qui peut guérir ce manque d'amour, de passion qui la ronge ? L'amour ! Celui-ci n'est toujours pas au rendez-vous. Et ses yeux qui continuent de la faire souffrir

n'arrangent pas les choses. Elle consulte plusieurs grands spécialistes. L'avis est unanime. On doit opérer l'œil droit si elle veut à nouveau affronter les spotlights.

C'est ainsi que, le 8 avril 1985, elle entre à l'hôpital. L'opération semble totalement réussie. Dalida paraît satisfaite mais, deux mois plus tard, alors qu'elle prépare une nouvelle émission de télévision, son œil recommence à l'inquiéter. Une nouvelle consultation s'impose. Cette fois-ci, les médecins renoncent. Pas question de retoucher à cet œil, sinon Dalida risque la cécité totale. Soit ! Dans ce cas, propose le corps médical opérons l'œil gauche, qui rétablira l'œil droit. Dalida, malgré sa crainte, se jette à l'eau. Elle a raison. À son réveil, elle sait que son regard a enfin trouvé l'équilibre après lequel elle court depuis son enfance et cinq opérations.

Heureuse de cette résurrection, elle s'engage alors dans un nouveau projet cinématographique avec Youssef Chahine qui lui propose le rôle vedette dans *Le Sixième Jour*.

En même temps, elle continue de chanter *Le Temps d'aimer, Le Vénitien de Levallois*, passe au « Jeu de la vérité » avec Sabatier et soutient la lutte contre le sida aux côtés de Line Renaud.

Apparemment requinquée, forte de nouveaux enthousiasmes, Dalida sort un album, *Le Visage de l'amour*, chanson que lui a spécialement écrite Trénet.

Sa rencontre avec François, un médecin, lui redonne le sourire et elle part au Caire pour le tournage du *Sixième Jour*.

Malheureusement un article de *France-Dimanche*, maladroit dans la forme, laisse entendre que Dalida a l'intention de vendre sa maison et de s'installer avec son médecin pour fonder une famille. Elle n'a jamais

◉ *Ci-contre :*
1981 : Dalida chante les blessures de l'amour, qu'elle ne connaît que trop.

dit cela mais comment le prouver à François qui, jour après jour, commence déjà à prendre ses distances ? Elle tente tout. Revient du Caire pour un week-end, l'appelle, le voit, lui explique sans se montrer possessive. Rien n'y fait. L'homme s'éloigne. Alors, elle chante encore et toujours, passe à la télévision. Mais la flamme sacrée qui a fait d'elle une star a disparu. Elle n'y croit plus. Encore moins quand François la quitte, alors qu'ils passent quelques jours de vacances en Corse.

De retour à Paris, elle fait son testament en secret puis part fêter la sortie du film *Le Sixième Jour* dans le cinéma de Choubra, la ville de son enfance. Encore une fois, elle revoit sa maison, l'église Sainte-Thérèse, certains de ceux qui l'ont aimée enfant, puis elle s'envole de nouveau vers Paris.

À partir de cette époque, Dalida accuse la fatigue et s'est remise à fumer. Elle se plaint de sa solitude, de l'absence d'amour qui emplit sa vie et les jours passent, moroses, difficiles, vides d'avenir.
Les fêtes de Noël sont tristes. Son entourage s'inquiète, d'autant plus qu'elle sort de moins en moins, s'endort en plein milieu de la journée, ne parle guère et passe des heures à jouer au gin-rummy avec Jacqueline, l'amie. Ses nuits, elle les passe devant la télévision à visionner cassette sur cassette, à lire ou à pleurer.
Pourtant le 7 mars, sur l'invitation de Georges Cravenne, elle accepte de remettre le prix de la meilleure musique de film lors des Césars.
Et le 11 avril, elle part pour une semaine à Quiberon au centre de thalassothérapie et en revient presque heureuse. Heureuse d'avoir rencontré un peintre qui semble être une promesse d'avenir. Heureuse aussi de partir pour la Turquie ce 27 avril

et d'y connaître encore et toujours le triomphe. Heureuse, enfin de revenir à Paris pour revoir François.
Mais celui-ci, comme d'habitude, se décommande à la dernière minute.
Alors, les derniers jours s'enchaînent les uns aux autres avec cette déroutante minutie du destin.
Dès le 2 mai au matin, comme par un coup de baguette magique, Dalida redevient souriante, presque heureuse, plaisantant avec chacun, jouant avec son chien, faisant des projets d'avenir. L'entourage se rassure. D'autant plus que le soir elle doit sortir au théâtre. Prétextant qu'elle rentrera trop tard, elle donne congé à son personnel ainsi qu'à Jacqueline qui va dîner chez des amis.
Puis, elle fait le tour du pâté de maison et revient quand tout le monde est parti.
Elle monte dans sa chambre, se démaquille, prend un verre de whisky et avale près de 120 cachets.
Yolanda a enfin trouvé la paix de l'âme. Dalida, l'éternelle, continue de chanter dans nos cœurs.

☑ *Ci-contre :* Sur sa tombe, sa statue rend hommage à la grande dame de la scène. Elle ne nous quittera plus...

JOE DASSIN

Cet intellectuel se lança dans la chanson un peu
par hasard. S'il connut immédiatement le succès,
il n'eut guère le temps d'exprimer toute la puissance
de son talent. Il reste de lui une manière de chanter
avec humour et détachement, et un sourire
où s'exprimait une grande joie de vivre.

ACCOUDÉ au bastingage, alors que
le navire s'éloigne du port de
New York en cette année 1951, nul
doute que le jeune Joe Dassin éprouve
un pincement au cœur. Ce pays dont
les rives s'éloignent, c'est son pays,
L'Amérique, cette Amérique où il
naquit un 5 novembre 1938, celle qu'il
chantera parce qu'elle a définitivement
influencé ses rêves et ses espoirs.
Tandis que les derniers sifflets du
bateau déchirent le silence de la mer,
Joe se jure de revenir un jour sur cette
terre tant aimée et d'y faire sa vie...
Pour l'heure, il part avec un certain
soulagement. Surtout pour son père
Jules Dassin, célèbre metteur en scène
qui échappe ainsi au maccarthysme.
Cet homme a beau avoir réalisé parmi
les plus beaux films de son époque *Les
Démons de la liberté*, *La Cité sans voiles*
et *Les Forbans de la nuit*, il doit fuir.
Fuir à cause de la hargne de
MacCarthy, un obscur sénateur du
Wisconsin, qui voit dans toute
contestation l'ombre du communisme,
mais aussi à cause de la bêtise de
quelques-uns du métier, comme
Dmytryk, qui n'hésitent pas à

dénoncer certains de leurs amis pour
avoir à nouveau accès aux studios.
Toutefois, pour Joe, ce soulagement
est plein d'amertume. Il voit bien que
ses parents sont tristes. Sa mère
surtout, Béatrice Launer, une célèbre
violoniste d'origine autrichienne qu'on
surnomme Bee. Sans doute pressent-
elle que ce départ sonne la fin de
beaucoup de choses. S'en aller vers
la France, c'est partir au devant d'une
autre vie, d'une autre culture. Plus
jamais les Dassin ne retrouveront
cette vie si heureuse qu'ils avaient
à New York, au milieu de la jet-set
artistique et intellectuelle. Sans doute
même, évoque-t-elle avec Joe les cours
de piano qu'elle lui donnait avant de
l'emmener voir ces magnifiques
spectacles de Broadway qu'il aimait
tant. Mais, bientôt, les rives de France
se rapprochent. Pour Joe et sa famille,
une nouvelle vie commence.
Elle ne s'annonce pas sous les
meilleurs auspices. Peu après leur
arrivée, les parents Dassin se séparent.
Avec ses sœurs, Julie et Ricky, Joe est
placé dans une pension du Valais
suisse. Pour le jeune exilé, c'est le

choc. Non seulement, le voilà installé dans un autre pays après avoir à peine connu la France, mais en plus, sa famille, qui était demeurée unie dans l'épreuve, éclate, le laissant désemparé. Cependant Joe a plus d'un atout dans son sac : il est brillant et ambitieux. Dans la solitude qui est la sienne au cœur des cimes enneigées, il commence à se forger une certaine idée de son avenir. Celui-ci sera placé sous le signe du succès, et il se met au travail d'arrache-pied pour y parvenir. Les années passent, Joe franchit toutes les étapes de sa scolarité sans difficulté, puis il passe son baccalauréat avec succès à Grenoble. Déjà, il sait mieux ce qu'il veut : retourner étudier aux États-Unis, cet eldorado où il fut si heureux. Ses parents acceptent et le font inscrire à l'université Ann-Harbor dans le Michigan.

76

Pour Joe, fouler à nouveau le sol américain est une grande joie, comme la rédemption de cette souffrance qui le poursuit depuis son départ précipité, dix ans plus tôt. Fort d'une nouvelle maturité, il s'est forgé d'autres rêves, d'autres ambitions. Il va étudier l'ethnologie et sera professeur dans une grande université américaine. Toujours brillant, assoiffé de connaissances nouvelles, il se jette dans ses études avec la fougue des conquérants. Des années magnifiques s'ouvrent devant lui, faites d'études, de rencontres, d'amitié mais aussi de petits boulots et... de musique. À cette époque déjà, la guitare le démange et il se met à chanter. Garçon de café dans la ville universitaire, il a l'habitude de voir s'y produire des chanteurs de folk, pas toujours excellents. Alors, il propose au patron du bar, qui accepte, d'interpréter des chansons de Brassens, présentées comme de la musique folklorique française... Très vite, son intelligence et sa mémoire font la différence avec ses condisciples. Joe obtient haut la main un poste de professeur associé et, sur sa lancée, il part à la découverte des Indiens Pueblos, les Hopis d'Arizona, pour préparer sa thèse. Les deux années qui suivent sont faites de balades, d'observation et de découvertes, en Arizona mais aussi au Nouveau-Mexique. Sans doute s'agit-il d'une des périodes les plus cruciales de sa vie, en tout cas, de celle qui sera à l'origine de son inspiration de chanteur. Toutefois, pour l'heure, la chanson ne le concerne pas encore. Ce qui l'intéresse, c'est d'obtenir d'abord son doctorat d'ethnologie afin d'enseigner ensuite. Une formalité pour ce dandy féru d'anthropologie mais aussi de langues anciennes. Reçu brillamment, il se retrouve alors, comme bon nombre de ses amis étudiants, à se demander ce qu'il va faire. Si l'enseignement le tente, cette perspective ne suffit plus à le combler. Dans l'hésitation, il préfère revenir en France et laisser venir. Après tout, il n'est pas sans ressources. Pourquoi ne pas devenir journaliste puisqu'il a déjà écrit dans de nombreux magazines, y compris *Play-boy*, ou faire du cinéma, puisqu'il s'est déjà essayé à la comédie dans plusieurs films de son père comme *Celui qui dit mourir*, *La loi* ou *Topkapi* ?

UN AMÉRICAIN À PARIS

Arrivé à Paris, Joe n'a toujours pas d'idée, sinon attendre, et mener une vie de bohème en interprétant des chansons de Brassens ou de Brel à la guitare. C'est alors qu'il rencontre Maryse. Une inconnue, certes, mais belle et volontaire. Elle croit immédiatement en son talent, surtout après qu'il lui ait chanté *Je change un peu de vent*, un soir, pour la séduire. L'Amérique est toujours là avec ses rythmes de folk, la nostalgie des grands espaces et ses relents d'aventure.
Séduite par l'homme mais aussi par le chanteur, elle l'encourage à enregistrer son premier disque avec *Comme la lune* et *Le Tricheur*, mais surtout à persévérer après *Bip, Bip* qui obtient déjà un franc succès.
Si la logique de la réussite est généralement simple pour la plupart des chanteurs, elle ne l'est pas tant que cela pour Joe. Il n'oublie pas qu'il est d'abord un intellectuel, guidé par des passions d'ethnologue qui n'ont rien de fantaisistes. C'est pourquoi quand Jacques Plaid, son directeur artistique avec lequel il s'entend à merveille, lui propose d'interpréter *Tiens, tiens, tiens, voilà les Dalton*,

son premier réflexe est de refuser. Pas question de prêter sa voix à de telles âneries ! Pourtant, il finit par céder aux arguments affectueux de Maryse. Chanter ce genre de chanson, ce n'est pas passer pour un imbécile mais surtout répondre à l'attente d'un public qui s'est mis à aimer son timbre de basse, son humour et sa gaieté. Ce n'est pas un succès, mais un triomphe !
Avec cette ritournelle qui fleure bon l'Amérique et rappelle *Lucky Luke*, la bande dessinée de Morris, Joe est immédiatement hissé en haut des hit-parades. Pas de doute, son humour, sa joie de vivre et son élégance conquièrent le public.
Dès lors, plus rien ne s'oppose à ce qu'il fasse ses armes sur la scène. Il y passe une première fois en 1965, en première partie d'un spectacle

Ci-dessous : Toujours l'influence western pour le duel amical et complice que se livrent Joe Dassin et France Gall.

d'Adamo, puis une deuxième fois l'année suivante en solo. L'affluence est record. Le pari est gagné. Désormais, Joe figure maintenant parmi les chanteurs qui comptent dans l'Hexagone.

Commence alors pour lui le ballet harassant des tournées nationales et internationales, des interviews et des galas, sans qu'il ne quitte jamais Maryse, tout à la fois son chauffeur, son habilleuse, sa conseillère...
Joe se révèle être un compagnon attentif, plein de gaieté mais aussi un bon vivant. Il aime la bonne chère, les bons crus, mais également les cigares Davidoff qu'il popularise... Il enchante tous ceux qui le fréquentent. Cultivé, bilingue, passionné de jazz, c'est aussi un homme généreux, jamais en retard d'une blague, comme, par exemple, faire enregistrer par Jacques Plaid l'ouverture de la chanson des Daltons...
Toujours soucieux de préserver sa vie privée, il évite soigneusement tous les paparazzi et épouse Maryse dans la plus grande discrétion le 18 janvier 1966. Il partage ensuite son temps entre une vie familiale très protégée, la chanson et ses passions de toujours, le golf et les échecs.
Viennent alors en France les années de révolte contre un pouvoir vieillissant qui remettent tout en question. Il est de bon ton de dénigrer la chanson française et de n'accorder d'importance qu'aux chanteurs d'outre-Manche. Au milieu de cette bataille rangée par ondes interposées qui opposent les tenants des Beatles et ceux des Rolling Stones, Joe continue son petit bonhomme de chemin, indifférent aux modes. Sa joie de vivre et son humour n'ont pris

Ci-contre et à droite : En concert à l'Olympia le 24 octobre 1969, et lors du « Show Salvador », la même année.

aucune ride, et la France entière lui fait un triomphe lorsqu'il sort *J'irai siffler sur la colline*. La preuve est faite que la chanson populaire de qualité a sa place sur les tourne-disques et dans les programmations radiophoniques. Comme il le revendique lui-même : « Je fais des chansons populaires pour aider les gens à vivre... »

Parfois, l'heureux chanteur, toujours étudiant dans son cœur, a du mal à y croire. Sa simplicité l'amène même à considérer qu'il n'a pas de talent. « Quand on n'en a pas, affirme-t-il, il faut travailler. C'est ce que je fais ! » Cependant, il n'en continue pas moins sa carrière en interprétant des textes de cette même veine joyeuse qui le caractérise. Pourquoi changerait-il alors que le public est de plus en plus nombreux à venir l'ovationner ? Pour preuve, son premier Olympia en 1969, où une foule en délire l'acclame pour *Les Champs-Élysées* et *La Bande à Bonnot*. Désormais, pas une admiratrice qui ne soit séduite par son regard enjôleur et son sourire clair, pas une histoire d'amour qui ne se noue sur ses mélodies du bonheur.
Dans le milieu de la chanson, il devient un faiseur de tubes. Très perfectionniste, inquiet, Joe Dassin s'occupe de ses chansons du début à la fin. Pas un mot, pas une note qui ne soit disséqué pour correspondre à ce qu'il souhaite. Il est aussi le premier de son époque à pressentir l'importance qu'une chanson peut prendre dans l'imaginaire des enfants, en interprétant *Le Chemin de Papa*.
Joe lui-même est heureux, mais toujours discret. Il file le plus parfait amour avec Maryse dans leur grande maison qu'il vient de faire construire dans la région parisienne. Rien ne semble pouvoir venir détruire ce bel édifice du talent et de la chance. Rien, sauf un coup de foudre...

L'ÉTÉ INDIEN

Ce matin-là, alors qu'il prend place dans l'avion qui le mène à Courchevel, pour quelques jours de vacances, Joe ne sait pas lui-même qu'il vient de s'asseoir à côté d'une jeune femme qui va bouleverser sa vie. Il est vrai que Christine, originaire de Rouen, a tout pour elle : la beauté, la fraîcheur et l'enthousiasme de ses vingt ans. Joe est bouleversé. Cette femme,

il en est certain, jouera un rôle déterminant dans sa vie.

Commence alors dans le secret une histoire d'amour passionnée, tandis que Maryse, ignorant l'existence de cette nouvelle venue dans le cœur de Joe, continue d'assumer son rôle d'imprésario, mais aussi d'épouse. Et c'est naturellement avec bonheur qu'au début de l'année 1973 elle annonce à Joe qu'elle est enceinte. Malgré sa double vie, celui-ci se réjouit au moins autant que sa femme. Pour lui, avoir cet enfant, c'est

Ci-dessous :
Dans l'émission « Numéro 1 », une gaieté partagée avec Jane Manson, France Gall, Dave, Carlos...

l'aboutissement merveilleux d'une vie commune faite de complicités, de difficultés mais aussi de succès, et il attend la venue du bébé avec une impatience fiévreuse. Mais le destin peut se montrer avare de sourires, même pour les plus chanceux. Le 17 septembre, c'est la catastrophe : né prématuré, l'enfant décède.
Le coup est rude pour Maryse et pour Joe. Malgré les avatars de sa vie sentimentale, le chanteur souhaitait sincèrement cet enfant.
Comme toujours dans ces cas-là,

il faut faire face. Heureusement, le couple ne manque pas d'énergie pour surmonter l'injustice du sort. Joe repart sur les routes du succès avec l'aide de Maryse, et sort un titre qui fera date dans la chanson française : *L'Été indien*.
Rares sont les chansons dont on peut dire que le succès fut phénoménal mais celle-ci en fait sûrement partie !
En quelques semaines, le refrain est repris sur toutes les radios, on le fredonne dans tous les night-clubs, et c'est par millions que se vend le

Ci-dessous :
Olympia 1977.
Dans sa loge, Joe
est félicité par sa
fiancée Christine
Delvaux.

45 tours. Un véritable raz de marée dû au talent conjoint de Jacques Plaid, des paroliers Claude Lemesle et Pierre Delanoë, mais aussi à l'infatigable énergie de Maryse. Désormais, Joe n'est plus seulement un chanteur à succès mais une véritable star. Lui qui s'était juré, lorsqu'il était étudiant, de faire oublier le prénom de son père, il y est parvenu.

Pourtant, tout n'est pas si rose dans la vie de Joe. Plus les années passent, plus les mensonges se succèdent, plus il lui est difficile de concilier ses deux vies amoureuses. Si bien qu'un jour, lui comme Maryse doivent reconnaître l'échec de leur vie de couple et en accepter sa conséquence inévitable, le divorce. Celui-ci est prononcé le 5 mai 1977, toujours dans la discrétion. Pour conclure, Maryse aura cette explication émouvante : « Ce n'est pas le succès qui nous aura séparés, mais la vie, tout simplement. »

LES DERNIERS JOURS

Joe se sent pousser des ailes et brûle d'épouser Christine. Ce n'est pas un coup de tête. Voilà près de sept ans qu'ils patientent, il est temps de concrétiser leur amour par un mariage. Celui-ci se déroule le 15 janvier 1978, à Cotignac, dans le Var. La joie des deux amants est à son comble et Joe semble avoir retrouver une seconde jeunesse. Il ne cesse d'ailleurs de le répéter : « Avec Christine j'ai enfin retrouvé mon équilibre ! Elle m'apporte la fantaisie qui me permet de travailler en m'amusant. »
Avec cette femme qui l'a tellement ému, il veut à nouveau avoir des enfants. Le succès n'est pas tout, répète-t-il, la paternité lui manque. En tenir un dans ses bras ce sera pour lui comme une sorte de revanche sur ces années d'enfance, déjà lointaines, où il assistait impuissant au déchirement de sa famille.
Seulement, derrière les sourires de façade et les joyeuses sorties publiques se dissimule déjà un malaise dans le couple. Joe n'est pas aussi heureux qu'il veut bien le laisser croire, et

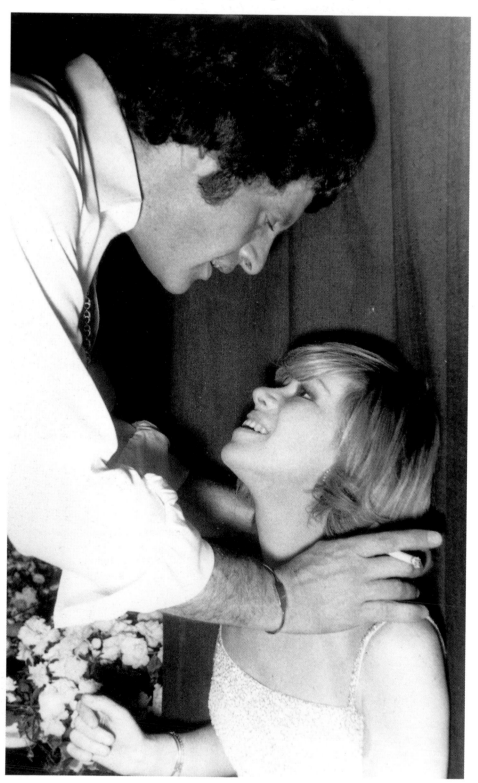

quand son premier fils Jonathan naît le 14 septembre 1978, son bonheur avec Christine a déjà un goût d'amertume. Parfois, dans ses propos, on discerne comme un appel à l'aide : « Il y a peu de bonnes choses dans la vie. L'amour fait partie de celles-là ! » Qu'importe ! Emporté par la frénétique succession des concerts, des galas, des enregistrements, Joe n'a pas le temps de s'écouter et de s'épancher sur les déboires de sa vie amoureuse. Le succès a ses exigences.

Alors, pendant une année, Joe assume, se tait, attend des jours meilleurs. Peine perdue... Ce qu'il n'avouera pas, son corps le dira. En novembre 1979, il est victime d'une perforation de l'estomac et contraint d'interrompre sa carrière. Premier signe de sa souffrance et de son incapacité à opter pour le divorce, ce n'est pas le dernier. Joe récidivera le 17 juillet 1980 avec une crise cardiaque, à Cannes, qui le laisse chancelant.

Il faut dire qu'entre ces deux accidents de santé, bien des choses se sont passées. Non seulement Christine a donné naissance à un second garçon, Julien, le 22 mars, mais Joe a demandé le divorce dès le lendemain. Oui, il a réagi aussi brutalement pour sortir de l'impasse dans laquelle il ruinait sa santé, pour se retrouver enfin en accord avec lui-même, et conserver la garde de ses enfants. Dès cet instant, s'amorce une bataille épuisante, difficile, douloureuse. Il lui faudra témoigner contre celle qu'il a aimée avec passion, mettre en doute sa moralité. Il lui faudra même faire face à Christine lors d'une entrevue de conciliation chez le juge, qui n'aboutit qu'à un échec.

Heureusement, le 18 juin, il se voit notifier la garde de ses enfants, au moins provisoirement, ce qui le remet un peu sur pied.

Non, décidément, pour Joe, rien ne va

plus au royaume de l'amour ! Dans ces conditions, pense-t-il, rien de mieux que de partir se reposer, et le plus loin possible.

C'est ce qu'il fait en ce mois d'août 1980 en montant dans l'avion de Papeete avec sa mère et ses deux enfants. Là-bas, au moins, loin des rumeurs du show-business, loin de cet amour qui s'est effiloché au fil des mois, il va enfin pouvoir se retrouver, faire le point, reprendre le pouls de ses désirs.

Quand l'avion atterrit à Papeete, Joe et sa famille sont accueillis par Claude Lemesle, son parolier, son ami. Il fait beau et Joe affiche un sourire détendu comme cela ne lui est pas arrivé depuis longtemps. C'est certain, ici il va enfin se refaire une santé, oublier les mois d'enfer qu'il vient de vivre. Et puis, il y a tous les copains qui sont là et qui se réjouissent de passer avec lui un moment de tranquillité...

Ce matin-là, après deux nuits de repos, Joe décide d'aller jouer au golf, une passion qui ne l'a jamais quitté malgré les aléas de sa vie professionnelle. Il est calme, presque heureux, d'autant plus qu'il sait que cet après-midi, il partira avec ses amis pour une petite excursion sur un atoll où, il pourra pêcher, l'une de ses autres passions.

Sans hâte, il rejoint le restaurant où l'attend Claude Lemesle. Congratulations... Premiers soupirs d'aise de Joe. Enfin, il respire. Il fume même une cigarette, puis se lève pour se servir au buffet. Revenu à table, il se met à manger en évoquant joyeusement les projets des prochaines heures. Soudain, il s'effondre sur son siège.

Aussitôt, tous ceux qui sont là se précipitent. Tandis que l'un essaie de le réanimer par un massage cardiaque, un autre appelle une ambulance. Mais c'est inutile, Joe a cessé de vivre, dans sa quarante-deuxième année.

Un jour, sa mère le présente à Louis Frozio, un musicien de l'International Sporting Club, et voilà Claude François qui monte le soir sur les planches pour jouer de la batterie et parfois pour faire la fermeture en chantant, histoire d'augmenter le cachet. Un soir il chantera même devant Onassis et La Callas... Quoi qu'il en soit, en cette année 1959, à force de persévérance, Claude commence à gagner un peu d'argent. Il peut même s'acheter des voitures américaines rutilantes et continuer de rêver à une réussite parisienne en écoutant *Peggy Sue* de Buddy Holly et *What'd Say* de Ray Charles. Il est d'autant plus confiant dans l'avenir qu'au Sporting Club il rencontre Janet Woolcott, une grande et belle danseuse dont il tombe éperdument amoureux. C'est bien connu, l'amour donne des ailes... L'année suivante, il se marie avec Janet, se fait engager dans la formation d'Olivier Despax et continue d'animer les soirées folles de Saint-Tropez. Mais de vrais succès, à la mesure de ses espérances, point ! Là où d'autres apprentis chanteurs auraient capitulé, Claude persévère. Il veut chanter, devenir célèbre, il réussira ! Le destin, souvent attentif à récompenser le courage, lui tend la main en la personne de Jean-Jacques Tilché, qui lui offre la possibilité d'enregistrer son premier disque avec *Nabout Twist*, un twist arabe, qui sera

remixé en français pour cause de guerre d'Algérie. Parmi les autres titres du microsillon, *L'Ali Baba Twist, Le Clair de lune à Maubeuge*. Dans les chœurs, Nicole Croisille et Hugues Aufray, inconnus à l'époque... Mais Claude a beau tapisser avec l'aide de quelques copains tous les platanes de la route qui mène à la Côte d'Azur avec une affiche « Le *Nabout Twist*, chanté par Koko », rien n'y fait, le disque reste un échec. Heureusement, Tilché, persuadé de ses talents, lui fait rencontrer Vline Buggy, l'une des parolières les plus en vue de l'époque. De leur rencontre naît une grande amitié qui ne se démentira jamais jusqu'à la fin, mais aussi un nouveau titre *Belles, belles, belles !* qui, dès sa première diffusion, fait exploser le standard d'Europe n° 1. Une nouvelle star est née.

Cependant, si tout lui sourit sur le plan musical, il n'en va pas de même dans la vie privée. Claude voit disparaître son père et déjà Janet s'éloigne pour les ballets d'Arthur Plasschaert et d'autres amours...

D'OLYMPIA EN OLYMPIA...

L'année 1962, s'ouvre sous les meilleurs auspices. D'autant plus que Claude vient de rencontrer l'imprésario Paul Lederman, qui le prend en main. Sous sa férule, mais aussi grâce à son amitié, il ne tarde pas à connaître d'autres succès. Quelques mois plus tard, les radios ne diffusent plus que *Moi je voudrais bien me marier, Marche tout droit* et *Dis-lui*. Désormais, Claude joue dans la cour des grands, à l'égal de Richard Anthony, Françoise Hardy ou Sylvie Vartan, auprès de laquelle d'ailleurs il devient une nouvelle idole des jeunes en avril 1963 à l'Olympia.

C'est également l'année de naissance de son fameux fan-club, organisé de main de maître par Josette Martin. Une aventure d'admiratrices bénévoles, dévouées, amoureuses, et heureuses.

Les galas et les tubes qu'il sort régulièrement lui assurent une place prépondérante dans le paysage des variétés. En juin, des milliers de jeunes filles se pâment en l'entendant chanter *Des bises de moi pour toi*, ou *Pauvre Petite Fille riche* au festival du rock, place de la Nation à Paris. Au top 50, il totalise huit titres tandis que Johnny triomphe avec *Da dou ron ron*, Sylvie Vartan avec *I'm Watching You* et que Presley fait un malheur en Amérique avec *Devil In Disguise*. Alors que 1963 finit avec la mort brutale d'une autre idole, politique celle-ci, John Fitzgerald Kennedy, Claude prépare déjà l'année suivante avec une reprise de *I Want to Hold Your Hand* des Beatles *(Laisse-moi tenir ta main)*. Il achète un appartement boulevard Exelmans et le moulin de Dannemois près de Milly-la-Forêt, qui sera jusqu'à la fin son havre de repos, « la ferme du bonheur » comme le dit la chanson qu'il sort quelques semaines après. Bien sûr, il y installe sa mère. Désormais, le temps des vaches maigres est terminé. Il peut offrir aux siens tout ce dont ils rêvaient... Le succès du second Olympia avec Sylvie Vartan est tempéré par le fait que les Beatles sont passés en première partie et ont emmené avec eux la moitié de la salle à la fin de leur concert. Mais Claude ne se décourage pas pour autant... Il se remet aussitôt à l'ouvrage avec la même frénésie et la même rigueur que d'habitude, au point de figurer en tête d'affiche pour sa tournée d'été. Tournée folle, où l'on découvre le garçon talentueux mais aussi le maniaque de l'ordre et de l'organisation, un trait de caractère qui lui vaudra beaucoup d'inimitié. Mais c'est ainsi. Comme il l'affirmera à plusieurs reprises, s'il est exigeant, parfois tyrannique c'est parce qu'il craint de ne pas être à la hauteur. Vedette à l'Olympia à la fin de l'année, Claude ouvre le chemin du succès à Michèle Torr mais surtout fait connaître l'inoubliable Dionne Warwick... la tante de Whithney Houston.

Pour Claude, c'est le moment de chanter *J'y pense et puis j'oublie*, une tendre manière de dire que son histoire avec Janet est définitivement terminée.

AVEC LES CLODETTES, UN SPECTACLE TOTAL

À cette époque, France Gall fait une entrée fracassante dans le hit-parade avec *Poupée de cire, poupée de son*, écrite par Gainsbourg, et dans la vie de Claude qui en tombe immédiatement amoureux. Le Moulin abrite leurs amours passionnées mais difficiles, tandis que l'un comme l'autre continuent leur magnifique carrière. Alors que France Gall chante *Laisse tomber les filles*, Claude poursuit son ascension, comme en témoigne un numéro de *Salut les copains* entièrement consacré à sa personne. Désormais on l'appelle Clo-Clo et le fan-club s'élargit. On le connaît de mieux en mieux. Il fait faire ses chemises aux États-Unis, adore les femmes fragiles, le peintre Moretti et déteste la barbe et la moustache. Plus sérieusement, on comprend qu'il est un anxieux et que son perfectionnisme qui frise parfois la maniaquerie n'est rien d'autre

Page de droite : En show au casino d'Arcachon, après le traditionnel solo de batterie qui ponctue ses spectacles, son talent défie l'attraction terrestre !

qu'une manière de se rassurer en contrôlant tout.

En 1966, un vent de folie souffle sur la chanson mondiale. Les Rolling Stones et les Beatles se livrent une bataille sans merci pour conquérir la jeunesse du monde entier. Deux styles s'affrontent, laissant peu de place aux chanteurs français. Il est temps de réagir. Claude le sent et crée la surprise en chantant entouré de quatre clodettes, deux Noires et deux Blanches, aussi belles et sexy les unes que les autres.

Certes, les critiques pudibondes pleuvent, mais le public est enthousiaste. Et puis, le spectacle est de qualité ! La chorégraphie et le rythme sont excellents, les plastiques sont aguichantes. Comme tout ce que lance Claude, c'est réussi... Rien d'étonnant à cela. C'est lui qui dirige personnellement les filles. Menées à la baguette durant des répétitions qui durent des heures, elles sortent le meilleur de ce qu'elles ont et cela donne l'un des spectacles les plus américains que l'on ait jamais vus en France.

Dès lors, Clo-Clo peut prendre la route pour une tournée d'été qui verra se succéder des scènes d'hystérie collective. Il est sûr de son succès. Les jeunes filles s'évanouissent, hurlent, courent durant des heures après leur idole. Le mythe Clo-Clo, relayé par un fan-club toujours aussi actif, est en train de naître. Il ne cessera de grandir jusqu'au dernier jour.

L'année se termine par un Olympia époustouflant. Durant plus de trois heures, Claude enchaîne chanson sur chanson sans interruption, dans un déluge de lumières, de strass et de danses. L'homme est au faîte de sa forme et de sa gloire. *J'attendrai* et *Mais combien de temps* font un tabac au box-office.

CHANTEUR, P.-D.G., PAPA...
L'HOMME-ORCHESTRE !

À ce stade de réussite, la vie de Claude change. Il devient son propre producteur et crée Flèche, sa maison de disques. Chanteur adulé, il devient aussi P.-D.G. d'une entreprise qui doit tourner à n'importe quel prix. Pour tenir, Claude se soumet à un régime d'athlète entraînant dans son obsession tous ses collaborateurs. Autour de lui, on doit être à l'heure, en forme, être en bonne santé, et tenir coûte que coûte, ce rythme infernal qu'il s'impose.

Gestion de l'empire Flèche, enregistrements, tournées, spectacles, télés s'enchaînent sans discontinuer. Dans ce maelström, Claude trouve encore le temps de rencontrer l'amour, le vrai, sous les traits de la belle Isabelle, qui,

○ *Ci-dessous :*
En famille avec Isabelle sur la Côte d'Azur.

par hasard remplace lors de l'un de ses spectacles une danseuse défaillante. Elle est belle, timide, et blonde. Claude est bouleversé et entreprend alors une cour assidue à laquelle Isabelle finit par succomber. Sur son insistance, elle renonce à sa carrière de mannequin et s'installe au Moulin. De leur union naîtront successivement deux enfants : Claude junior en juillet 1968 et Marc le 15 novembre 1969.

Hélas, les obligations d'un papa-chanteur ne sont pas celles d'un papa lambda. Clo-Clo est obligé de cacher l'existence d'Isabelle et de ses deux enfants pour ne pas déplaire à ses admiratrices. De même, pris dans la tourmente des affaires et des concerts, il consacre peu de temps à la vie de famille...

Tandis que les premiers soubresauts de 1968 agitent la faculté de Nanterre, Claude part aux États-Unis et développe son fan-club qui compte

maintenant près de 50 000 adhérents. Il inaugure l'entreprise Flèche avec la chanson *Jacques a dit* et *La Plus Belle Chose du monde*, adaptation d'une chanson des Bee-Gees. Cependant, c'est une autre chanson de l'époque qui va devenir l'un des plus grands tubes mondiaux de tous les temps : *Comme d'habitude*. Écrite en collaboration avec Jacques Revaux pour la musique et Gilles Thibault pour le texte, elle traduit en fait sa rupture avec France Gall, un amour passionné et impossible qu'il n'oubliera jamais.

COMME D'HABITUDE
OU LE SUCCÈS AMÉRICAIN

La révolte étudiante passe sans dommage pour Claude. Les tubes s'enchaînent les uns après les autres : *Avec la tête, avec le cœur, Héloïse, Chanson populaire, Quand le matin...* Puis il part en tournée en Italie avec les Clodettes parmi lesquelles Madly, la future compagne de Brel. Maintenant, le spectacle est définitivement réglé. Lumières, danses, musiques et chansons s'harmonisent en une féérie complète. De Rimini à Milan, de Naples à Rome, on ovationne Clo-Clo dont on n'oublie pas qu'il est italien par sa mère. Sa réputation dépasse désormais les frontières de l'Hexagone. Sinatra et Paul Anka lui achètent les droits de *Comme d'habitude*, et son Olympia de 1969 devient un véritable triomphe qui dure seize jours à guichets fermés. Toute la presse l'encense, jusqu'à *L'Humanité* qui parle du « Diablotin déchaîné ». Claude est au faîte de sa gloire. L'année se termine d'ailleurs sur une autre consécration. *Comme d'habitude*,

devenue *My Way*, est la chanson la plus diffusée aux États-Unis et devient disque d'or avec plus d'un million de passages sur les radios et à la télévision.
Tout va bien jusqu'à ce 15 mars 1970. Journée noire...
Épuisé, Claude s'effondre sur scène lors de son concert à Marseille. Hospitalisé d'urgence, il entame alors une cure de sommeil.
Une fois remis sur pied, il repart, toujours plus vite. Trop vite ! Quelques semaines plus tard, c'est l'accident, au volant de sa Lincoln Continental. Les pommettes et le nez fracturés, il doit être à nouveau hospitalisé.

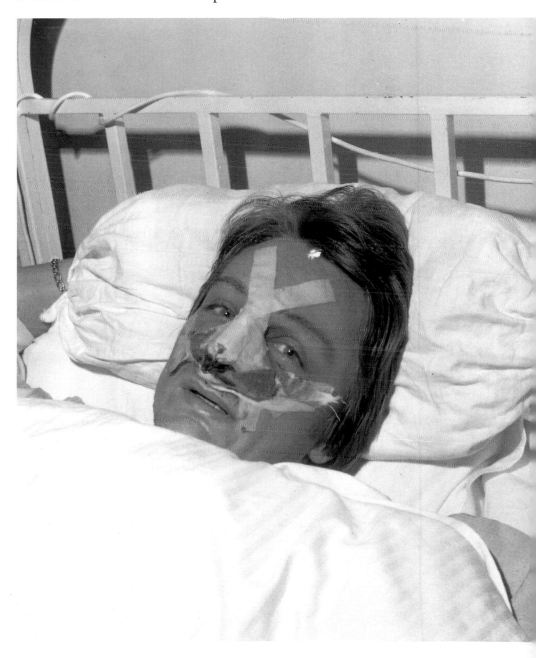

Ci-dessous : Claude, le 22 mai 1970, alors qu'il vient d'être opéré du nez et du visage après son terrible accident de voiture.

Page de droite, de haut en bas : Claude en compagnie de Patrick Topaloff et Eddy Mitchell ; en duo avec Michel Sardou à l'émission TV « Top à Claude François » En 1974 ; en duo avec Nana Mouskouri à l'émission « Numéro 1 » en juin 1975.

Ci-contre : En répétition pour l'émission « Salut les Copains » le 10 mai 1969. Avec les « Clodettes », il a mis en place un vrai show à l'américaine.

Aussitôt remis, et toujours increvable, Clo-Clo part aux États-Unis enregistrer dans les studios de Tamla Motown, avant d'enchaîner avec une tournée au Canada... et quelques vacances familiales en Grèce. Rude programme, auquel s'ajoute la promotion d'Alain Chamfort, de Patrick Topaloff et la mise en orbite d'une émission télévisée avec Michel Drucker qui restera un ami très proche. À la fin de l'année, toujours poussé par son appétit insatiable de constituer un empire du show business, il achète le journal *Podium*. Une nouvelle aventure commence. De 50 000 exemplaires, la publication passe bientôt à plus de 500 000, sans qu'une seule ligne ne puisse être imprimée sans son aval.

Citizen François est né avec ses qualités immenses et ses défauts... Perfectionniste, intransigeant, voire excessif, il exerce un pouvoir sans partage sur l'ensemble de son personnel. Certains apprécieront, d'autres s'en iront, mais aucun ne lui en voudra jamais, tant se dégage du personnage comme une aura de séduction.

Toujours à l'affût d'une nouveauté et toujours en avance d'une mise en scène, Claude François comprend que, désormais, le concert à l'Olympia tous les ans est une formule dépassée. Ce qu'il faut, c'est aller au devant du public. Il loue alors un chapiteau de 4 000 places et fait le tour des banlieues. Le prix des places peut ainsi baisser considérablement, et les fans sont ravis de voir leur star venir ainsi à leur rencontre. Bref la formule fonctionne, et le public se presse devant les guichets par milliers !

Tout irait pour le mieux si, en ce mois d'avril 1973, un certain Valéry Giscard d'Estaing, alors ministre des Finances, ne décidait de lancer ses limiers du ministère traquer la fraude fiscale, tout particulièrement chez les artistes a priori suspects. Claude François est du nombre et subit un redressement record ! Et, comme un malheur ne vient jamais seul, le moulin de Dannemois brûle...

VITE... TOUJOURS PLUS VITE !

Encore une fois, Clo-Clo fait front. Sa recette ? Sortir un tube. C'est ce qu'il fait avec *Ça s'en va et ça revient*, qui s'installe aussitôt au sommet du hit-parade. C'est ce qu'il fait également en étendant son empire de presse avec *Absolu*, un magazine de charme.

À partir de cette année 1974, tout va s'accélérer pour Claude, comme si déjà le temps lui était compté. Isabelle, lassée par les frasques de son mari « invisible », prend le large vers le Midi avec les deux enfants. Un drame qui inspire la chanson *Le téléphone pleure*, dans laquelle Claude rend publique leur séparation. Visiblement cela émeut ses fans, qui achètent près d'un million de disques.

L'année se termine sur une autre note émouvante, lorsque Claude chante devant près de 20 000 personnes, à la Porte de Versailles. Un cadeau

à Perce-Neige, l'association créée pour les enfants par son copain Lino Ventura. C'est là l'un de ses traits habituels de générosité qui le pousse, l'année suivante, à organiser un autre concert, cette fois-ci aux Tuileries, au profit de la recherche médicale. À ces moment-là, Claude, contrairement à beaucoup d'autres, se souvient que dans sa vie tout n'a pas toujours été facile. Après de nouveaux succès, *Toi et moi contre le monde entier* et une chanson dédiée à son fils Coco, *Le Chanteur malheureux*, Claude s'envole pour Londres afin d'adapter *Le téléphone pleure* en anglais.

○ *Ci-dessous :* Claude et Sacha Distel entourent Enrico Macias pour son émission « Top à Enrico Macias », le 13 avril 1974.

Nous sommes le 5 septembre 1975. Alors qu'il traverse le Hall de l'hôtel Hilton, une bombe de l'IRA explose. Une femme est déchiquetée à côté de lui. Claude est heurté par le souffle. Il n'entend plus. Transporté d'urgence à l'hôpital, on découvre qu'il n'a qu'un tympan crevé. C'est un miracle ! Soigné, il se produit alors au Noël de l'Élysée, le 24 décembre, et interprète *La Pêche aux moules* en duo avec le président de la République, Valéry Giscard d'Estaing. Les enfants font une ovation à ce Père Noël si jeune et plein de vie. Claude est heureux. Ces cris de joie, spontanés et enthousiastes, réveillent en lui quelques souvenirs de son enfance ensoleillée, là-bas, du côté des Pyramides, où il ne désespère pas un jour de faire construire une maison. En attendant, il faut continuer, toujours sur le même rythme infernal. Il enchaînera sans souffler l'enregistrement de *Sale Bonhomme* – chanson qui le propulsera à la première place des tops –, une émission télévisée qui lui est consacrée, le lancement de son parfum *Eau noire*, puis enfin une grande tournée dans les Dom-Tom. Dans cette spirale du succès, le mot « vacances » est prohibé. Pas de temps pour la vie de famille, pas davantage pour Sonia, sa nouvelle compagne, encore moins pour ses collaborateurs. Il communique avec tous par notes enregistrées dans l'avion, la voiture, la salle de bains.

Tout semble aller pour le mieux, et pourtant l'empire Flèche se lézarde. Claude, malgré son immense capacité de travail, ne peut être sur tous les fronts en même temps. Sans compter l'angoisse provoquée par l'hydre fiscale qui le guette, avide de récupérer encore quelques millions supplémentaires... Il est temps pour Claude de remettre un peu d'ordre dans ses affaires. Pour cela, il fait appel à Alain Perrin, P.-D.G. de Cartier avec lequel il s'est lié d'amitié. Ce dernier organise un audit dans l'empire Flèche, et le bilan tombe comme un couperet : le groupe est endetté de 10 millions de francs ! Évidemment, Claude parade : « Seulement un milliard ! » répète-t-il partout. Mais cette désinvolture, c'est surtout de la générosité. Pas question d'angoisser tous ceux qui travaillent pour lui et lui ont fait confiance. Ce qu'il faut, avant tout, c'est sauver le groupe. Pour cela, il n'y a pas trente-six

Ⓒ *Ci-dessous :* Claude, en 1976, lors d'un show TV.

solutions. Il faut vendre ce qui n'est pas rentable et surtout faire rentrer de l'argent. Alors il chante, enregistre, tourne. À la même époque, il change de compagne. Kathaleen succède à Sonia. Tous les deux interprètent *C'est comme ça qu'on s'est aimé*, une manière de dire leur bonheur.

LE CRUEL RENDEZ-VOUS AVEC LE DESTIN

Cependant, à moins d'un an de sa disparition, d'étranges prémonitions commencent à hanter la vie de Claude. Toutes les nuits, il rêve d'une femme vêtue de blanc et demande qu'on dispose de l'eau bénite sur sa table de chevet. Au mois de juin 1977, il est victime d'une agression. Neuf balles sont tirées sur sa Mercedes sans qu'on sache ni par qui, ni pourquoi. Kathaleen et lui échappent à la mort, encore une fois par miracle.
Pourtant Claude continue à courir le monde, à enregistrer et à chanter. Notamment cette magnifique chanson, *Magnolias for ever*, qui fait un tabac en France mais aussi à l'Albert Hall à Londres. Suivie des premières esquisses de l'un de ses plus gros succès, *Alexandrie, Alexandra*... définitivement mixé le 9 février 1978. Cependant, le lancement de ce nouveau tube prévu pour le 12 mars se fera sans Claude. La veille, le destin en a décidé autrement.

Ce matin du 11, la mère de Claude a elle aussi une vision prémonitoire, et en parle à la sœur du chanteur. Elle a fait un mauvais rêve. Claude noyait un nouveau-né dans la baignoire de l'appartement du boulevard Exelmans. Or, justement, Claude s'y trouve en fin d'après-midi, deux heures avant de

se rendre à l'émission « Les Rendez-vous du dimanche » de Michel Drucker. Sa compagne Kathaleen et l'attachée de presse Marie-Thérèse Dehaeze sont présentes dans l'appartement. Claude, isolé dans sa chambre, passe et repasse la cassette d'*Alexandrie, Alexandra*, qu'il doit justement interpréter à l'émission. Les deux femmes discutent sur la terrasse de l'appartement en prenant un verre. Soudain, Kathaleen descend et découvre l'horreur. Claude, électrocuté, vient de s'effondrer sur le rebord de la baignoire. Les deux femmes le traînent en dehors de la salle de bains et appellent les pompiers. Claude vit encore, et les médecins qui sont arrivés très rapidement tentent de le sauver. En vain. Il meurt sans avoir repris conscience.

Aussitôt la nouvelle se répand comme une traînée de poudre dans tout Paris, puis dans tout le pays. Clo-Clo est mort ! Les radios, les télévisions, les journaux ne parlent plus que de cela. À l'incrédulité succède un immense chagrin, partagé par d'innombrables admiratrices. Des milliers de fans se pressent sur le boulevard Exelmans. On assiste à des scènes d'hystérie. La douleur n'est pas feinte mais bien à l'aune de la popularité du chanteur. Enterré dans la simplicité à Dannemois, sa tombe demeure encore aujourd'hui un lieu de pèlerinage. Nombreux sont ceux qui n'ont pas oublié « le mal-aimé, le chanteur malheureux, le sale bonhomme » qui trouvait que « le monde est grand, les jours sont beaux » et qu'« immortelles sont les filles, car tout le monde a besoin d'amour »...

◎ *Ci-dessus :*
Claude François répète avec les « Clodettes ».

◎ *Page de gauche, en haut :*
En compagnie de son amie Kathaleen, Claude montre les impacts des balles qui ont été tirées sur sa voiture. Ce mystérieux attentat ne sera jamais élucidé.

◎ *Page de gauche, en bas :*
La propriété de Claude François à Dannemois, dans l'Essonne.

SERGE GAINSBOURG

Ironique sur lui-même, tendrement désabusé,
formidable jongleur de mots, il a brûlé sa vie avec talent,
comme tout ce qu'il faisait.

LE 2 avril 1928, Olga Ginzburg accouche à l'hôpital de la Pitié. Elle ne sait pas tout de suite que son rêve d'avoir un autre garçon venant remplacer Marcel, décédé d'une pneumonie deux années auparavant, vient de se réaliser.

On lui annonce d'abord la venue d'une fille Liliane, puis celle de Lucien.

Olga et son mari Joseph sont fous de joie. Ces deux naissances, après la venue d'une petite Jacqueline, viennent sceller un amour qui ne s'est jamais démenti, que ce soit en Russie aux pires moment de la révolution, ou plus tard, sur le chemin de l'exode qui les a amenés à Paris, cette capitale de la liberté, le Graal de tout exilé de cette époque troublée. Évidemment, ils sont pauvres et bien à l'étroit dans leur appartement exigu de la rue Chaptal. Mais l'amour est là, qui comble bien des faims et des désespoirs. Celui de la mère pour toute sa progéniture, mais aussi celui de Joseph qui court les bars et les hôtels pour gagner quelques sous en faisant le pianiste. Un vrai pianiste contrarié, obligé de ressasser des niaiseries de music-hall quand il voudrait jouer Chopin ou Schumann.

Mais Joseph est un homme pragmatique, positif, et pour tout dire conscient qu'il est déjà trop tard pour lui et que ce sera Lucien, le fils unique et adoré, qui réalisera ses rêves en découvrant les touches de l'instrument sous sa conduite.

Très vite, guidé par son père, le jeune garçon apprend le solfège, puis les notes, puis la mélodie. Très vite il se laisse inonder par la musique, la belle, la grande qu'il écoute à la radio.

Très vite il sait que la musique sera au cœur de sa vie.

JUIF ET FIER DE L'ÊTRE

La première décennie d'une vie solitaire s'achève pour le petit Lucien quand les premiers bruits de bottes résonnent, aux quatre coins de l'Europe, sur fond de vociférations antisémites. Mais personne n'y prend encore garde. Pas même Joseph, dont la situation semble s'améliorer. Les contrats se font plus nombreux, et la famille Ginzburg peut partir en vacances pour la première fois

◻ *Page de droite :*
Provo,
dérangeant,
allumé, *l'homme à
la tête de chou*
laisse un vide
dans le cœur de
chacun de nous.

sur une plage normande.

La seule préoccupation du petit Lucien – sans doute la plus déterminante de sa vie – est que déjà il se trouve laid. Peut-être sont-ce ses petites camarades de jeux qui le lui font comprendre, peut-être l'a-t-il remarqué face à son miroir ? Quoi qu'il en soit, cette découverte, qui n'est encore qu'un malaise, une hésitation, commence à le tourmenter. Cependant, la vie se charge de l'inquiéter pour d'autres raisons, pour l'heure, bien plus dramatiques. La collaboration vichyste avec la peste brune venue de Berlin se confirme de jour en jour avec son cortège de lois racistes et sa sale guerre intérieure. Déjà en cette année 1941, la famille Ginzburg, comme bien d'autres familles juives, vit quasiment cachée, retenant son souffle de peur d'être repérée, puis arrêtée.

C'est à ce moment-là que Lucien tombe gravement malade. Une péritonite tuberculeuse ! Trop de privations ont eu raison de sa résistance. Seulement il faut réagir vite, très vite.

À cette époque, à moins d'être immédiatement pris en main par un médecin compétent, la maladie est mortelle ! Un seul homme peut lui porter secours, le professeur Debré. Non seulement il sauve le petit Lucien par un traitement approprié, mais il ne fait pas payer Joseph qui n'en a évidemment pas les moyens...

1942, l'inéluctable arrive. Un décret allemand ordonne le recensement de tous les juifs vivant en France. La rage au cœur, les Ginzburg se rendent au commissariat le plus proche. Lucien, la colère et la révolte à vif, est en avance ce matin-là. Il veut être le premier, le tout premier à arborer l'étoile. Mais contrairement à ce qu'attendent les occupants, il ne la portera pas comme l'étoile de la honte et de la discrimination, mais fièrement, comme l'affirmation de son

identité. Acte de provocation, sans aucun doute, quand on sait le danger qu'il y avait d'être juif sous le joug nazi. Acte en tout cas où se révèle déjà tout Gainsbourg, un homme de conviction n'ayant de cesse d'affirmer ses idées avec courage et détermination.

Suivent ces années de sale guerre qui voient Lucien étudier l'art à l'académie Montmartre, puis se sauver, se cacher et réapparaître avec ses vingt ans.

PIANISTE, IL VEUT DEVENIR PEINTRE

Désormais il a quitté ses parents et vit ses premières expériences, ses premières amours aussi. Il apprend l'amour la nuit dans les bordels, c'est là qu'il se sent le mieux. Pendant son service militaire, il fait le mur pour rejoindre ces belles de nuit dont il ne reniera jamais qu'elles furent ses initiatrices. Puis il apprend à boire avec ses copains de beuverie, comme il continuera de le faire jusqu'à la fin...

Beau palmarès certes, mais insuffisant pour gagner sa vie. Or à vingt-deux ans, il faut bien qu'il y pense. Il ne sait faire que deux choses, jouer du piano et peindre, mais seule la peinture l'intéresse. Peindre ! Peindre ! Peindre encore ! Il peint, pendant un an, deux ans, dix ans. Il peint une toile, deux toiles, quatre cents toiles... puis les détruit quasiment toutes. Il n'en reste plus que quelques-unes que de rares privilégiés gardent avec respect. Dommage. Le bonhomme avait du talent...

La peinture ne nourrissant pas son homme, Lucien va pianoter de mauvaise grâce dans les bars, et doucement se construit une réputation. Franck Coda – c'est le nom qu'il a pris – joue les airs qu'on lui demande, sans rechigner, même si ceux-ci sont à des années lumières de ses goûts musicaux. Il s'en fiche. Il trouve toujours le moyen de placer un petit air de Nat King Cole ou de Gershwin entre des chansonnettes à la mode.

C'est l'époque des galères, des rades enfumés, de l'argent qui ne rentre pas et d'un mariage d'amour avec Elizabeth Levitzky, fille d'émigrés russes qui l'accompagnera dans un tourbillon de passion jusqu'à leur divorce en octobre 1957. C'est aussi le temps du Milord L'Arsouille, un bar réputé de la rive droite. La chance qui s'est montrée chiche à son égard depuis si longtemps lui fait quand même un petit sourire en la personne de Boris Vian, qui vient chanter au cabaret et que Lucien accompagne. C'est l'illumination. Aussitôt, il écrit plusieurs chansons. Mais encore faut-il les chanter. Là encore, la chance va lui donner un petit coup de pouce. Poussé par la chanteuse Michèle Arnaud et le directeur du Milord, qui ont découvert ses textes, il passe sur scène et le public stupéfait découvre des textes et des mélodies magnifiques, comme *Le Poinçonneur des Lilas* ou *La Femme des uns sous le corps des autres*, mais aussi un chanteur gauche, mal à l'aise, voire agressif pour mieux dissimuler sa timidité.

Mais on a beau être laid, maladroit et détestable, quand on a du talent, ça se voit ! Un producteur de disques passant par-là, Lucien devient Serge Gainsbourg et enregistre son premier disque. Une kyrielle de titres, une kyrielle de succès... *Douze Belles dans la peau*, *Ce mortel ennui*, *Du jazz dans le ravin*, etc.

Si ce n'est pas le triomphe, c'est déjà un succès d'estime et la formation du premier carré d'admirateurs. Gainsbourg existe et, en 1959, il remporte le prix de l'académie Charles-Cros avec *Du chant à la une*. D'accord, il n'est pas à l'aise sur scène, on le juge encore trop emprunté. Mais comment peut-il en être autrement, lui qui se trouve laid ? Alors cette facilité qui lui manque encore face au public, il la développe, en joue, en jouit dans l'écriture de ses textes et de ses musiques. Et les disques s'enchaînent. Un deuxième avec *Adieu créature* et *Indifférente*, un troisième avec *En relisant ta lettre* et *La chanson de Prévert*. Il écrit aussi des musiques

⊙ *Ci-dessous :* Les lauréats du Grand Prix du disque Charles-Cros 1959 : Jacques Dufilho, Denise Benoît, Serge Gainsbourg et Marcel Amont.

de films. Bref, Serge est sur tous les fronts. Au point que maintenant tout ce qui compte dans la chanson française fait la queue pour avoir le privilège de chanter du Gainsbourg : Juliette Gréco, Jean-Claude Pascal, Isabelle Aubret et bien d'autres. Mais cela ne suffit pas à épuiser son talent. Serge s'expose au cinéma, toujours dans des rôles de méchants. En 1959, c'est *Voulez-vous danser avec moi ?* de Michel Boisrond, puis dans les années 1960, une suite de péplums : *La Révolte des esclaves*, *Hercule se déchaîne*, *Samson contre Hercule*...

PAROLIER DES YÉ-YÉ, IL FABRIQUE DES IDOLES

À cette époque, après quelques conquêtes éphémères, Serge fait la connaissance de Françoise Pancrazzi, princesse Galitzine.
C'est l'amour-passion une nouvelle fois, et deux enfants, Paul et Natacha, naissent très rapidement de cette union.

104

Tout semble s'apaiser pour Serge. Désormais il a l'argent, l'amour, des enfants... C'est vrai, tout baigne, sauf que déferle sur la France la vague yé-yé qui emporte tout et en particulier les carrières qu'on croyait les mieux assises.

Serge, comme les autres, doit faire front et se réinventer. C'est ce qu'il fait en écrivant pour les nouvelles étoiles montantes, dont France Gall à qui il offre *Poupée de cire, poupée de son, N'écoute pas les idoles* et *Les Sucettes* qui prennent aussitôt la tête des hit-parades.

Maître de l'ironie sur lui-même, Serge affecte de trouver ces chansons sans intérêt. N'empêche que, de Johnny à Françoise Hardy, de Claude François à Eddy Mitchell, tout le monde veut mettre du Gainsbourg dans son micro. Toutes les plus belles femmes font déjà le siège de son talent. Au hasard, Mireille Darc, Valérie Lagrange et Brigitte Bardot, qu'il a aimée et qu'il admire toujours depuis leur rencontre sur le plateau de *Voulez-vous danser avec moi ?*

À celle qu'il trouve plus belle que Marylin, il écrira des chansons comme *Je me donne à qui me plaît, L'Appareil à sous, Les Omnibus*, et bien d'autres comme *Harley Davidson, Bonnie and Clyde* et surtout *Je t'aime, moi non plus*, qu'elle enregistrera mais ne sortira jamais, par peur du scandale. Comme une ponctuation finale à leur histoire d'amour, devenue une histoire d'amitié et d'admiration commune, il lui offrira ce texte magnifique *Initiales B. B.*

◩ *Ci-dessous et à gauche :* Serge est omniprésent au début des années 60, qu'il écrive pour Juliette Gréco ou France Gall, ou qu'il partage l'affiche de *Voulez-vous danser avec moi ?*, avec Brigitte Bardot, qui restera sa fidèle amie.

◩ *Au centre :* Serge avec Françoise Pancrazzi, qu'il épouse en janvier 1964.

JANE BIRKIN,
LA GRANDE RENCONTRE

En ces années de révoltes et de barricades qui viennent clore toute une époque, le poète est seul, malgré les apparences. Son mariage avec Françoise a sombré depuis longtemps. Il enferme sa solitude et son amertume dans le discret hôtel particulier de la rue de Verneuil qu'il vient d'acquérir.

Pourtant la carrière de Serge est riche, autant dans la chanson que dans le cinéma. Dans les deux années qui viennent de s'écouler, il a tourné pas moins de dix films, dont *Le Pacha* avec Jean Gabin où il joue son propre rôle et chante *Requiem pour un c...* On le voit aussi dans ce *Sacré Grand-Père* auprès de Michel Simon avec lequel il interprète un duo. Puis d'autres films, aujourd'hui oubliés, à l'exception peut-être de *Erotissimo* dans lequel il joue un merveilleux satyre hantant les salles de cinéma cochon.

Si Serge s'ennuie, Cupidon veille. Alors qu'il est à Londres avec Pierre Grimblat pour son prochain film *Slogan*, il rencontre l'actrice Jane Birkin, qu'on vient de remarquer dans *Blow-up*, elle est divorcée de John Barry, le fabuleux compositeur de musiques de films.

Dire que ce fut le coup de foudre serait exagéré. Il leur faut un bon mois avant de se découvrir, lui avec sa sale gueule, elle avec sa sensibilité qui lui permet de tout comprendre. Ils ne savent pas encore qu'ils vont s'aimer, passionnément, jusqu'à la fin.

Pour Serge, c'est la métamorphose. Il sourit, provoque toujours mais aussi attendrit. Il est heureux et le répète. Il vit enfin le grand amour. Maintenant, on le voit partout avec Jane. Il s'affiche avec elle, chante avec elle, parfois scandaleusement, avec *Je t'aime moi non plus*, compose pour elle : *69 année érotique*, *Melody Nelson*. L'homme se rachète une conduite. De fêtard impénitent et provo, il devient calme, serein et créatif. À deux, ils enchaînent enregistrements, films, et autres compositions. Jane commence à avoir son public. Un tourbillon jusqu'à ce 21 juillet 1971, jour de la naissance de Charlotte.

◎ *Ci-contre :* Serge avec Jane Birkin et leur fille Charlotte en août 1971. Serge est heureux, il vit le grand amour.

Une sorte de comble du bonheur, qui se traduit par un séjour enchanteur à Venise, dans l'un des hôtels les plus chers du monde, le Gritti. Puis bientôt, ce sont les rumeurs de mariage, toujours entretenues, jamais réalisées, qui inondent la presse. Le couple ne fait plus qu'un. Serge a la plume inspirée tandis que Jane enregistre son premier album, *Di Doo Dah*.

S'enchaînent alors pour le couple des années de *Décadanse*, faites de nuits blanches, alcoolisées et enfumées, de provocations mais aussi de beaucoup de talent. Les succès s'enchaînent : *Je suis venu te dire que je m'en vais, Rock around the Bunker, L'Homme à la tête de chou, My lady Héroïne, Ex fan des sixties...*

Années magnifiques, tumultueuses aussi, mais dangereuses pour la santé de Serge qui fume et boit sans retenue.

Première alerte le 15 mai 1973 quand on le transporte d'urgence à l'hôpital américain de Neuilly après un infarctus du myocarde. Il y en aura d'autres... Et autant de supplications de Jane pour qu'il cesse de se suicider. Mais Serge, repris par ses doutes, hanté par ses fêlures, intoxiqué par ses angoisses, continue de se tuer à petit feu avec l'alcool et le tabac sous le regard des siens, de plus en plus impuissants. Alors, cet amour dévastateur qui les avait réunis commence à se désagréger au fil des tempêtes qui traversent le couple.

Pourtant, l'une de celles-ci les réunit plus fortement que jamais. Nous sommes en 1979. Serge, inspiré par *La Marseillaise*, écrit sa propre version sur un rythme reggae. Pas bien méchante, seulement un peu ironique, provocante, comme il sait faire. En tout cas pas de quoi fouetter un chat, ni déclencher l'ire ravageuse de Michel Droit qui éclate un beau matin dans le *Figaro*.

Quelques jours après, Serge, ulcéré, réplique dans le *Matin de Paris*, et ce qui n'était qu'une chanson devient une affaire nationale, sur fond de racisme et d'antisémitisme.

Cela va encore plus loin quand en septembre l'Union nationale des parachutistes empêche Serge de venir dédicacer son album à la foire de Marseille.

En réplique, à la fin de l'année, Gainsbourg vient chanter tous les soirs sa *Marseillaise* au Palace devant des milliers d'admirateurs et dans des concerts qui se succèdent dans toute la France.

Un soir, cependant, à Strasbourg, l'armée est là, d'un côté de la salle. Des paras, en rangs, prêts à en découdre. De l'autre, des fans prêts à prendre fait et cause pour l'artiste. L'affrontement n'aura pas lieu. Les musiciens, effrayés ont préféré renoncer. Pas Serge, qui monte sur scène, suivi de Jane et qui chante

107

◙ *Au centre :* Gainsbourg et Birkin en 1970. L'union du talent et du charme.

La Marseillaise, la vraie cette fois-ci, *a capella*, devant un public médusé et dérouté.

Mais si Jane est là ce soir-là, admirative, amoureuse, enthousiaste, les lézardes sont déjà suffisamment profondes dans le couple pour que la séparation s'annonce. Jane veut bien aimer, mais pas à n'importe quel prix. En tout cas pas au risque de détruire la vie de ses filles Kate et Charlotte, et la rupture inévitable intervient en 1980.

Pour Serge, pour Jane, pour Charlotte, c'est la déchirure, de celles qui ne se cicatrisent jamais, de celles qui font souffrir jusqu'au dernier souffle.

SES NOUVEAUX BONHEURS :
BAMBOU ET LULU

Et Serge part à nouveau à la dérive, entre alcool et tabac. Plus provocant que jamais, plus talentueux aussi. À nouveau amoureux, en ce mois d'avril 1981 quand il rencontre Caroline à La Main jaune, une boîte à la mode. Ce n'est pas rien cette fille, superbe, qui danse en patins à roulettes sur la piste ! À tel point qu'il en tombe amoureux en l'appelant Bambou et qu'il se remet à nouveau à créer. C'est *Mauvaises Nouvelles des étoiles*, un disque avec Catherine Deneuve, l'amie des mauvais jours, puis encore des textes pour Bashung, et surtout pour Jane qu'il revoit toujours avec émotion et tendresse. L'album *Baby Alone in Babylone*, résonne comme un hymne à l'amour défunt... « Fuir le bonheur de peur qu'il ne se sauve » écrit-il... *C'est con qu'on se quitte...*

En même temps, c'est le retour sur scène au Casino de Paris où il fait un triomphe en fanfaronnant sur sa santé chancelante par l'entremise d'un sosie cascadeur qui s'effondre sur le sol en entrant en scène. Puis c'est le film scandale *Charlotte For Ever* qui vient après *Lemon Incest*, le clip scandale. Ce film, il le réalise avec Charlotte, sa fille bien-aimée, trop, sans doute, aux yeux du public qui le boude. Suit alors la naissance de Lucien, Lulu, le 5 janvier 1986. Serge est au comble du bonheur. À cinquante-sept ans, il renaît pour son fils, pour le passé qui lui revient en mémoire, et pour cet avenir qu'il veut le plus beau possible pour celui qui porte son prénom. Bambou et lui forment un couple uni. Serge s'assagit. Au point qu'on croit l'homme revenu à de meilleures considérations sur sa santé... C'est mal connaître le bonhomme pour qui le « bonheur est malheureux », comme il l'a récemment écrit pour Isabelle Adjani. Bambou et Lulu vivront séparément de lui, loin de sa propre folie destructrice, loin de ses vapeurs d'alcool et de ses ronds de fumée. Cependant, il écrit toujours, *You're Under Arrest*, superbe album qui résonne comme un cri prémonitoire. Serge se sait déjà enfermé dans le long couloir qui mène vers l'obscurité définitive. Il connaît même la fin de l'histoire.

◙ *Page de gauche, en haut :* Avec Depardieu lors du tournage du film *Je t'aime... moi non plus.*

◙ *Page de gauche, en bas :* Serge et Jane entourent Johnny pour un « Numéro 1 ».

◙ *Ci-dessous :* Avec Bambou au Casino d'Enghien.

AMOUR DES FEINTES :
COMME UN TESTAMENT

Elle s'inscrit au scalpel dans sa chair, au printemps 1989, quand les chirurgiens pratiquent l'ablation d'une partie de son foie gangrené par trop de nuits blanches enfumées et arrosées.

Mais les mots, le talent ne peuvent être découpés, même sur une table d'opération... Dès qu'il sort de l'hôpital, Serge compose et écrit à nouveau. C'est *Variations sur le même t'aime* pour Vanessa Paradis. Cependant, la flamme n'est plus là. Sa main tremble un peu plus, son regard se fait plus flou, la fatigue envahit son corps meurtri. Que faire d'autre sinon chercher à se reposer, reprendre un peu de forces, gagner un peu de temps.

Il s'échappe alors à Vézelay, s'y installe. À l'Espérance, le si célèbre hôtel-restaurant, les jours se succèdent, calmes et sereins. Loin de la tourmente parisienne et de ses fastes illusoires, Serge retrouve l'inspiration. Il écrit pour Jane l'un de ses plus beaux albums, *Amours des feintes*, un hymne à ce qu'ils ont vécu, à l'échec et en même temps à la beauté du sentiment.

Puis il attend le temps de partir... Bambou et Lulu viennent le voir souvent, Charlotte aussi. Le personnel de l'hôtel découvre un homme doux, bon et chaleureux. L'esprit de provocation l'a quitté pour faire place à la générosité.

Ce 3 janvier 1991, l'établissement ferme, ce qui l'oblige à revenir à Paris. Au personnel assemblé dans la cour de l'hôtel pour lui dire au revoir, il promet de revenir.

La promesse était sincère, mais le destin s'en fichait. Le 2 mars, vers

23 heures, Bambou, affolée, vient de découvrir avec les pompiers le corps sans vie de Serge. Son cœur, trop malmené, a lâché.

Quelques heures plus tard, une foule immense, abasourdie et recueillie se rassemble devant l'hôtel particulier de la rue de Verneuil. Chacune et chacun griffonne sur le mur ses mots de tristesse. Puis le cercueil s'en va, précédé de deux motards, vers le Mont-Valérien où une chapelle ardente permet à des milliers d'admirateurs de rendre un dernier hommage à l'artiste pendant deux jours. Sur la petite table installée près du cercueil, chacun dépose un objet personnel et évocateur. Une manière de saluer le talent de l'artiste et l'émotion qu'il a suscitée. Avec le ticket de métro, le chou, ou le paquet de cigarettes, s'entassent autant de mercis sincères et attristés.

Le 7, c'est l'enterrement, dans le carré juif du cimetière de Montparnasse. Ils sont venus, ils sont tous là... La famille bien sûr, puis les amis et toutes celles qu'il a fait chanter avec tellement de bonheur. Isabelle, Françoise, Catherine...

Avec elles, on se souviendra de Serge, ce cynique au grand cœur, qui nous manque.

⊙ *Page de gauche :* Gainsbourg a inventé son double, Gainsbarre, poète, funky, fumeur, buveur et provocateur.

⊙ *Ci contre :* Un hommage anonyme, au funérarium...

CRÉDITS PHOTOGRAPHIQUES

STILLS
Pages 1 : Franck Stromme – 7 : Franck Stromme – 9 : Conti – 10 : Urli – 13 (haut) :
Serge Arman – 14 : Doc – 15 (haut) : Stills – 15 (bas) : Senepart – 16 : Stills – 18 :
P. Piau – 23 : Michel Hamon – 24 : Stills – 25 : Franck Stromme – 27 (haut) : Porée
– 27 (bas) : Porée – 28 : Allison – 29 : Franck Stromme – 31 : G. Moreau – 32 :
G. Moreau – 33 : G. Moreau – 42 : Stills – 45 : Botti – 46/47 : Botti – 53 : Botti – 84 :
Doc.

SYGMA
Pages 6 : Tony Franck – 8 : Tony Franck – 10/11 : Tony Franck – 12 : Diego Goldberg
– 13 (bas) : Thierry Orban – 16 (centre) : François Poincet – 17 : Tony Franck – 22
(haut) : Sygma – 26 : Schachmès – 36 : Sygma – 39 : Roth.

ARCHIVES PHOTOS
Pages 2/3 – 4 – 5 – 20/21 – 22 (bas) – 35 (haut) – 35 (bas) – 37 (haut) – 37 (bas) –
38 – 41 – 43 – 44 – 48 – 49 – 49 (haut) – 49 (bas) – 50 – 51 – 52 (haut) – 52 (bas) –
55 – 57 – 58 (haut) – 58 (bas) – 59 – 60 – 61 (haut) – 61 (bas) – 62 (haut) – 62 (bas)
– 63 (droite) – 63 (centre) – 64/65 – 66 – 67 (centre) – 67 (milieu) – 67(bas) – 68 –
69 – 70 (haut) – 70 (bas) – 71 – 72 – 73 – 75 – 76 – 77 – 78 – 79 (haut) – 79 (bas) –
80/81 – 82 – 83 (haut) – 83 (milieu) – 83 (bas) – 85 – 87 – 88 – 89 (haut) – 89
(milieu) – 89 (bas) – 91 – 92 – 93 – 94 – 95 (haut) – 95 (milieu) – 95 (bas) – 96 – 97
– 98 (haut) – 98 (bas) – 99 – 101 – 103 – 104 (haut) – 104 (bas) – 104 (milieu) – 105
– 106 (milieu) – 106/107 – 108 (haut) – 108 (bas) – 109 – 110 – 111.